ZHISHENG
ZHI DAO

制胜之道

总主编
曹健华

坚持自我革命

JIANCHI ZIWO GEMING

湖南教育出版社·长沙

总　主　编　曹健华
副总主编　吴厚庆　蔡文辉　刘　艺
编　委　会　（按姓氏笔画排序）
王　晔　王　蔚　王海峰　艾医卫　伍先禄　刘　艺
刘新民　李美玲　吴厚庆　何良安　易　武　胡新良
曹健华　谢兵良　蔡文辉　霍修勇

本册主编　李美玲
本册副主编　谭　鹏　孙士云
本册作者　李美玲　谭　鹏　孙士云　陈平其　陈利军　龙秀雄
贺治方　王小萍

序　言

中国特色社会主义进入新时代，以习近平同志为主要代表的中国共产党人坚持把马克思主义基本原理同中国具体实际相结合、同中华优秀传统文化相结合，坚持毛泽东思想、邓小平理论、“三个代表”重要思想、科学发展观，深刻总结并充分运用党成立以来的历史经验，从新的实际出发，创立了习近平新时代中国特色社会主义思想。为贯彻落实习近平新时代中国特色社会主义思想，党中央就学习党的历史、总结历史经验作出了一系列重大部署。

2021 年 2 月 20 日，党中央启动党史学习教育，要求全党同志做到学史明理、学史增信、学史崇德、学史力行，学党史、悟思想、办实事、开新局，以昂扬姿态奋力开启全面建设社会主义现代化国家新征程，以优异成绩迎接建党100周年。7月1日，习近平总书记在庆祝中国共产党成立100周年大会上发表重要讲话，回顾了党的百年历史、总结了伟大成就、提出了“九个必须”的根本要求。11月8日至11日，党的十九届六中全会召开，审议通过的《中共中央关于党的百年奋斗重大成就和历史经验的决议》提出：一百年来，党领导人民进行伟大奋斗，在进取中突破，于挫折中奋起，从总结中提高，积累了宝贵的历史经验。这就是坚持党的领导，坚持人民至上，坚持理论创新，坚持独立自主，坚持中国道路，坚持胸怀天下，坚持开拓创新，坚持敢于斗争，坚持统一战线，坚持自我革命。以上十个方面，是经过长期实践积累的宝贵经验，是党和人民共同创造的精神财富，必须倍加珍惜、长期坚持，并在新时代实践中不断丰富和发展。

中国共产党全面总结党的百年奋斗重大成就和历史经验，对推动全党进一步统一思想、统一意志、统一行动，团结带领全国各族人民夺取新时代中国特色社会主义新的伟大胜利，具有重大现实意义和深远历史意义。决议有助于党员干部增强“四个意识”，坚定“四个自信”，做到“两个维护”，捍卫“两个确立”。当前和今后一段时间，学习宣传阐释党的十九届六中全会精神是一项重要政治任务，广大理论工作者尤其是党校理论工作者必须在这一关键时刻担当使命，积极作为。正是因为有了这种责任感和使命感，中共湖南省委党校（湖南行政学院）、韶山干部学院在党的十九届六中全会召开后就积极行动起来，校（院）委第一时间传达会议精神，专家学者们在湖南卫视、湖南经视、红网等主流媒体进行解读，13 位省委党校的专家学者入选湖南省十九届六中全会精神宣讲团。为了给广大党员干部提供鲜活的学习教材，省委党校、韶山干部学院发挥师资力量雄厚、研究基础良好、善于团结协作的优势，编辑出版了“制胜之道”丛书。

该丛书以习近平新时代中国特色社会主义思想为指导，对《中共中央关于党的百年奋斗重大成就和历史经验的决议》提出的十条历史经验进行全面系统深入学习研究。丛书对标决议原文、立足百年党史、着眼重大成就，以宏阔的视野阐释百年历史经验，包括其重大意义、形成条件、基本内涵、实践基础、时代要求等内容，力求用活泼的语言表达深邃的思想、用严谨的逻辑彰显理论的魅力、用生动的案例印证历史的规律，做到权威性、理论性、可读性、趣味性有机融合，使之成为一套雅俗共赏的丛书，引导党员干部和广大人民群众学原文悟原理，切实汲取历史智慧、洞悉历史规律、掌握历史主动，进一步增强党史自信，旗帜鲜明抵制历史虚无主义，真正实现正本清源、固本培元。

回首来时路，我们热血沸腾、心潮澎湃。眺望前行路，我们壮志在胸、豪情满怀。让我们更加紧密地团结在以习近平同志为核心的党中央周围，勿忘昨天的苦难辉煌，无愧今天的使命担当，不负明天的伟大梦想，以史为鉴、开创未来，全面落实“三高四新”战略定位和使命任务，为全面建设富强民主文明和谐美丽的社会主义现代化新湖南不懈奋斗！为实现中华民族伟大复兴的中国梦奋勇前进！

编者

2022 年 1 月

前　言

《中共中央关于党的百年奋斗重大成就和历史经验的决议》明确指出："勇于自我革命是中国共产党区别于其他政党的显著标志。自我革命精神是党永葆青春活力的强大支撑。先进的马克思主义政党不是天生的，而是在不断自我革命中淬炼而成的。党历经百年沧桑更加充满活力，其奥秘就在于始终坚持真理、修正错误。党的伟大不在于不犯错误，而在于从不讳疾忌医，积极开展批评和自我批评，敢于直面问题，勇于自我革命。只要我们不断清除一切损害党的先进性和纯洁性的因素，不断清除一切侵蚀党的健康肌体的病毒，就一定能够确保党不变质、不变色、不变味，确保党在新时代坚持和发展中国特色社会主义的历史进程中始终成为坚强领导核心。”① 这篇光辉文献科学地总结了党进行自我革命的宝贵经验，系统地阐述了以伟大的自我革命引导伟大的社会革命的先进思想。

中国共产党代表中国最广大人民的根本利益。中国共产党没有自己的特殊利益。中国共产党人的初心和使命，就是为中国人民谋幸福，为中华民族谋复兴。中国共产党是这样说的，也是这样做的。百年奋斗历程充满了艰难险阻，难免有迷茫的时候，有出现偏差的时候，也会面临各种各样的诱惑、挑战。中国共产党始终以自我革命的精神和勇气、谦虚谨慎的态度，沉着应对。实践证明，自我革命是中国共产党区别于其他政党的显著标志，是中国共产党成功的奥秘。

---

① 中共中央关于党的百年奋斗重大成就和历史经验的决议[N]. 人民日报，2021-11-17（01）.

中国共产党是中国特色社会主义事业的领导核心。一百年来，党秉持自我革命的精神，带领广大人民群众经过长期奋斗，战胜无数艰难险阻，全面建成小康社会，实现了第一个百年奋斗目标。自我革命功不可没。当前，党正在带领中国人民向第二个百年奋斗目标迈进。越是伟大的事业，越充满艰难险阻，越需要艰苦奋斗，越需要谨言慎行。坚持自我革命是中国共产党的宝贵品质、优良传统，是百年奋斗历史经验的总结，是中国共产党带领广大人民群众实现第二个百年奋斗目标、实现中华民族伟大复兴的中国梦必须坚持的一条基本原则。

本书以《中共中央关于党的百年奋斗重大成就和历史经验的决议》为指导和依据，对中国共产党百年奋斗历程中坚持自我革命的依据、实践、经验等作全面回顾和分析，希冀从中汲取智慧和力量，为实现第二个百年奋斗目标凝心聚力、提供参考。

目录

第一章　勇于自我革命是中国共产党的显著标志　001

一、自我革命源于马克思主义政党的本质属性　003

二、自我革命源于共产党人理性认识的升华　010

三、自我革命源于党的建设实践的淬炼　027

第二章　坚持自我革命是中国共产党显著的政治优势　043

一、自我净化革除自身毒瘤　045
二、自我完善提升整体形象　062
三、自我革新培育创造活力　070
四、自我提高增强担当本领　079

第三章　**自我革命精神是中国共产党成功的奥秘　095**
一、在坚持真理修正错误中保持正确方向　097
二、在批评和自我批评中保持肌体健康　113
三、在清除毒瘤毒素中确保不变质不变色不变味　130
四、在学习教育中保持先进性和纯洁性　146

第四章　新时代中国共产党自我革命的伟大实践和成就　161

一、加强党的领导，维护中央权威　164

二、坚持全面从严治党，进行革命性锻造　171

三、坚持自我完善，推进党内法规制度体系建设　183

四、坚持自我提升，提高党的执政能力和领导水平　190

第五章　新征程以自我革命引领新的社会革命　205

一、全面贯彻习近平新时代中国特色社会主义思想　209

二、增强全面从严治党永远在路上的政治自觉　219

三、坚持以人民为中心着力解决突出问题　225
四、以党的制度建设为根本推进一体化反腐　236
五、自信自强守正创新彰显党的领导优势　248

结束语　为实现中华民族伟大复兴提供坚强领导保证　262
后　记　269

第一章

勇于自我革命是中国共产党的显著标志

勇于自我革命是中国共产党鲜明的政治品格和显著优势，也是我们党筚路蓝缕、创造辉煌的关键。

一、自我革命源于马克思主义政党的本质属性

勇于自我革命，是我们党一直以来的显著优势，也是我们党作为马克思主义政党本质属性的体现。正是因为自我革命源于马克思主义政党的科学性、先进性和纯洁性，才能够保证我们党跳出历史周期率，突破历史兴亡论，始终坚强有力，生机勃勃。中国共产党的百年历史，

就是我们党自我净化、自我完善、自我革新、自我提高的历史。百年来，我们党以莫大的勇气和决心持续进行自我革命，在守正创新、革故鼎新的发展进程中一步步实现了自我超越，通过一次次的自我革命，最终推动党领导的事业向前发展。可以说，党正是因为不断自我革命才创造了今天这样的丰功伟绩，自我革命体现了我们党作为马克思主义政党的科学性、先进性和纯洁性。

1. 自我革命表明了马克思主义政党的科学性

马克思主义政党之所以能够发挥出巨大力量，根源就在于其科学性。马克思主义政党的自我革命正是其科学性的体现，只有不断进行自我革命、自我超越，马克思主义政党才能适应时代需要，才能满足人民需求。首先，马克思主义政党的自我革命体现在其理论的科学性。只有科学的理论才能够指导马克思主义政党进行执政，才能够使马克思主义政党在执政过程中了解无产阶级运动的进程、所需要的条件和可能出现的结果，才能够制定科学的路线、方针和政策。但科学的理论并不是一成不变的，而是随着时代的发展、历史的进步不断完善的，需要马克思主义政党不断进行自我革命，总结新的科学理论。其次，马克思主义政党的自我革命体现在其中心任务的科学性。马克思主义政党的执政必须要发展生产力，释放无产阶级的生产热情，从而促进社会的全面发展，必须“把一切生产工具集中在国家即组织成为统治阶级的无产阶级手里，并且尽可能快地增加生产力的总量”①。但是发展生产力这一中心任务面临的环境复杂多变，面临的问题矛盾也较为突出。生产力的发展要平稳致远，就必须要依靠马克思主义政党的自我革命创造发展条件，也

① 马克思恩格斯选集：第 1 卷［M］. 北京：人民出版社，2012：421.

正是基于此，自我革命必须是科学的。最后，马克思主义政党的自我革命体现在其自身建设的科学性。为了保证马克思主义政党的执政地位不丧失，就要时刻注意政党的自身建设问题。自身建设得越科学，在人民群众中的形象便越好，改革发展的阻力也就越少，党的执政地位就越巩固。

2. 自我革命彰显了马克思主义政党的先进性

勇于自我革命彰显了马克思主义政党的先进性。马克思主义政党是坚持真理、勇于改错，能够在复杂的环境中保持自身政治本色，始终站在时代潮头，得到无产阶级真心拥护的勇于自我革命的政党。一个政党的品格反映出该政党的特性，也决定着该政党对待自身发展、对待社会进步的态度和方式。马克思主义政党作为无产阶级的先锋队，始终坚持把实现共产主义作为最高理想，始终站在无产阶级的立场去维护无产阶级的利益，这样的政党不同于其他政党，他本身就是先进的。马克思主义政党的先进性决定了这个政党必须勇于自我革命，即使在发展的过程中遭受挫折和困难。在前进道路上，我们不能够保证我们不犯一丝一毫的错误，不走一丁点的弯路。我们能够始终保持自身先进性的原因就在于我们始终保持着自我革命的精神，保持着即使犯了错误也能勇于承认并改正错误的勇气。勇于自我革命让我们不会讳疾忌医，也让我们不会“头痛医头、脚痛医脚”，而是让我们敢于直面我们的问题，保持自身的先进性。一次又一次通过拿起“手术刀”治愈自身的病症，一次又一次通过依靠自身解决问题，使我们具备了顽强的自我修复能力，这也是马克思主义政党区别于其他政党的显著标志，充分彰显了马克思主义政党的先进性。马克思主义政党之所以能够具有自我革命的勇气，之所以能够始终保持自身先进性，其重要的原因就在于马克思主义政党除了无产阶级的利益，并不会去谋求其他的特殊利益，因而也就能做到初心不改、使命不移。马克思主义政党在发展中通过一次又一次的自我革命，不断实现自身的超越，成长为无产阶级的主心骨，带领无产阶级不断前行。马克思主义政党自身建设的先进性需要自我革命，马克思主义政党领导人民进行社会革命也需要自我革命，自我革命作为马克思主义政党的显著优势充分彰显了该政党的先进性。

3. 自我革命突出了马克思主义政党的纯洁性

马克思主义政党有着崇高的理想，有着矢志不渝的奋斗目标，一代又一代无产阶级为了革命理想而不懈努力，为了实现共产主义的目标而奋斗终身。但是，我们要认识到马克思主义政党并不是在真空的环境中去践行自身的理想和使命，各种不良思想难免会出现在身边，影响着马克思主义政党成员的言行，影响到理想和目标的实现。面对这种情况，马克思主义政党必须坚决进行自我革命，勇于直面各种问题，敢于壮士断腕、刮骨疗毒，消除一切影响马克思主义政党纯洁性的因素，清除侵害党的肌体健康的毒瘤。从这个意义上来说，自我革命是突出马克思主义政党纯洁性的必要手段。如果马克思主义政党不能够始终进行自我革命，不能够始终保持自我革命精神，那么，马克思主义政党的纯洁性就无从谈起了，党就很容易在思想、组织、作风等方面堕落。马克思主义政党一经成立，就必须始终坚持自身的性质和宗旨不改变，从广大的无产阶级的利益出发，以自我革命的精神经常反省自身，检视自身问题，不掩饰自身缺点，不回避自身矛盾，不文过饰非，努力做到有过必改，有错必纠，这样才能够保证马克思主义政党自身的纯洁性。马克思主义政党自我革命的决心和意志能够有力地提高自身战斗力，能够有效地改变自身形象，使党在自我革命的过程中不断得到淬炼，加强自身的纯洁性建设，从而焕发出新的蓬勃生机，为党和国家事业的发展提供保障。要想始终保持马克思主义政党的纯洁性，实现马克思主义政党的崇高目标，使党永葆活力，就必须要实事求是，清醒地认识和准确地把握自己，以勇于自我革命的精神淬炼自己，以自我革命的实际行动推进解决自身存在的突出问题，紧跟时代步伐，满足人民要求，不断总结经验教训，从而实现自我超越。

二、自我革命源于共产党人理性认识的升华

中国共产党自成立至今,已经走过了整整一百年的时间。一百年以来，我们党筚路蓝缕、披荆斩棘，带领人民群众顺利实现了第一个百

年奋斗目标。这一伟大成就的取得是党坚强领导的结果，是党在无数斗争中换来的，是党带领人民群众夺取一个又一个胜利所巩固下来的。中国共产党之所以能够取得一个又一个的胜利，之所以能够在艰难险阻中突破重重阻碍，之所以能够在危急关头化险为夷，一个重要原因就是我们始终坚持自我革命。我们党进行自我革命源于共产党人理性认识的升华。自我革命经历了马克思主义经典作家的初步探索，以毛泽东同志为代表的中国共产党人的发展深化，中国特色社会主义理论体系的完善升华和习近平新时代中国特色社会主义思想的最新发展，具备了理论成熟的基本条件，并在不断探索和认识中逐渐发展成熟。

1. 马克思主义经典作家对自我革命认识的初步探索

自我革命不是无根之水、无本之木，对其

追根溯源，不难发现马克思主义经典作家对自我革命进行了初步探索，在马克思主义经典作家关于无产阶级政党的论述中可以找到自我革命的理论基础。马克思在《资本论》中深刻指出："辩证法不崇拜任何东西，按其本质来说，它是批判的和革命的。"① 这就表明自我革命是由马克思主义政党的本质属性决定的。马克思指出："只有无产阶级是真正革命的阶级。其余的阶级都随着大工业的发展而日趋没落和灭亡。"② 这一论述深深地揭露了一个事实，那就是只有真正的革命阶级才能够在时代浪潮和历史大势的冲击下保持自身的先进性，这也说明当时马克思主义经典作家已经认识到了自我革命对于无产阶级政党的重要意义。同时，马克思主义政党与其他资产阶级政党截然不同的人

---

① 马克思恩格斯文集：第 5 卷［M］. 北京：人民出版社，2009：22.

② 马克思恩格斯选集：第 1 卷［M］. 北京：人民出版社，2012：410-411.

民立场也表明了马克思主义政党一定要进行自我革命。马克思指出："共产党人为工人阶级的最近的目的和利益而斗争，但是他们在当前的运动中同时代表运动的未来。"① 我们党始终把人民的利益放在首位，进行自我革命的最主要目的也是为了维护人民群众的利益。马克思主义经典作家还论述了作为无产阶级代表的共产党人应该如何推进自我革命。马克思指出，像十九世纪的革命这样的无产阶级革命，则经常自己批评自己，往往在前进中停下脚步，返回到彷佛已经完成的事情上去，以便重新开始把这些事情再做一遍。可见，共产党人要经常进行自我批评，对自身的缺点错误进行自我反思，深刻剖析其原因、后果，坚持用马克思主义立场观点来改正这些错误。关于这一点，列宁也深刻论述道，无产阶级为争取大多数劳动者的

① 马克思恩格斯选集：第 1 卷 [M]. 北京：人民出版社，2012：434.

同情、为争取他们的支持而进行的阶级斗争，并不以无产阶级夺得政权而告结束。在夺得政权之后，这种斗争仍旧继续着，不过换了另一种形式。可见，无产阶级政党一定要始终保持斗争精神，维护好同人民的血肉联系。正是因为有了马克思主义经典作家对党的自我革命认识的初步探索，中国共产党人才能够从中汲取自我革命的理论基础。

2. 以毛泽东同志为代表的中国共产党人对自我革命认识的发展深化

中国共产党汲取了马克思主义经典作家关于自我革命的认识，以毛泽东同志为代表的中国共产党人使我们对自我革命的认识有了进一步的发展深化。在新民主主义革命时期，由于自身所处的地位和当时独特的时代背景，我们党将思想上的革命作为自我革命的起点。毛泽东同志指出："无产阶级思想领导的问题，是一个非常重要的问题……若不给以无产阶级的思想领导，其趋向是会要错误的。”① 针对那些在组织上已经入党，但是在思想上并没有入党的党员干部，我们党进行了思想教育，通过思想上的教育，成功把党员成分复杂、党内思想混乱的政党改造成了合格的、以马克思主义为指导的新型无产阶级政党。面对党内出现的“左”倾和右倾错误，党以自我革命的方式同其进行斗争，坚持了正确的思想路线。在抗日战争时期，我们党针对党内存在的不良作风进行了延安整风运动，运用批评与自我批评的办法解决党员干部的思想和作风问题。毛泽东同志强调：“我们要提倡主动性，经常检查自己所做的事、所说的话、所写的决议，把自己做的工作加以分析，什么是正确的，什么是错误的，

---

① 毛泽东. 毛泽东选集：第1卷［M］. 北京：人民出版社，1991：77.

正确的要坚持，错误的要改正。”[①] 这无疑表明了党要经常性地进行自我革命。在党的七届二中全会上，毛泽东同志又提出了“两个务必”，告诫全党执政后仍然要保持光荣传统和优良作风。正是因为全党上下有了忧患意识和担当意识，我们才能够在新民主主义革命胜利之后，以自我革命推动社会革命，进行社会主义建设，取得社会主义革命和社会主义建设的伟大成就。

3. 中国特色社会主义理论体系对自我革命认识的完善升华

党的十一届三中全会后，我们党痛定思痛，以强烈的政治勇气和高度的责任担当进行了自我革命，对新中国成立后的一些不足进行了反思，着眼于党的思想建设、体制改革、反腐倡

① 毛泽东文集：第3卷［M］. 北京：人民出版社，1996：255.

廉等方面全力推进自我革命。我们党开展了真理标准问题的大讨论，解决了思想路线的问题。邓小平同志号召全党清除和抵制各种非无产阶级思想，用马克思列宁主义和毛泽东思想武装头脑，指导实践。针对在改革开放的浪潮中没有抵制住各种各样“糖衣炮弹”攻击而走向堕落的部分党员干部，邓小平同志指出：“如果我们党不严重注意，不坚决刹住这股风，那末，我们的党和国家确实要发生会不会‘改变面貌’的问题。这不是危言耸听。”① 这一论述表明党把贪污腐败问题上升到了影响党和国家生死存亡的高度。而解决贪污腐败问题就需要推进自我革命，需要进行制度建设，对权力进行监督和约束。邓小平同志指出：“不惩治腐败，特别是党内的高层的腐败现象，确实有失败的

① 邓小平. 邓小平文选：第2卷［M］. 2版. 北京：人民出版社，1994：403.

危险。”[①] 所以，通过自我革命的方式纠正党内不正之风就成了题中之义。在改革开放初期，我们就是在不断总结经验教训中，在不断加强自身建设中推进了党的自我革命。二十世纪八九十年代，世界社会主义事业遭受严重挫折，苏联解体、东欧剧变使得我们更加高度重视党的建设问题。当时，党的自我革命着眼于保证党的长期执政地位，通过提高党的战斗力巩固党的执政地位。江泽民同志顺应时势，提出了“三个代表”重要思想，总结了改革开放后党进行自我革命的经验。在党的建设中继续强调思想建设的重要地位，重视马克思主义理论的学习，遏制资产阶级自由思想在党员干部中的传播，遏制拜金主义、利己主义、享乐主义对党员干部的诱惑。通过“讲学习、讲政治、讲正

---

① 邓小平．邓小平文选：第 3 卷［M］．北京：人民出版社，1993：313.

气”提高党员干部的政治自觉。通过“党的性质、党在国家和社会生活中所处的地位、党肩负的历史使命，要求我们治国必先治党，治党务必从严”①，将从严治党贯穿于党的政治、组织、思想、作风等建设中，以自我革命的大无畏勇气总结苏联解体、东欧剧变的教训，提高党的政治能力和执政水平，为党的建设新的伟大工程保驾护航。进入21世纪，党面临风起云涌的国际形势，提高党的领导水平，进行自我革命就显得尤为急迫。胡锦涛同志提出科学发展观，在丰富了中国特色社会主义理论体系的同时，还为党继续推进自我革命提供了新的思想武器。“要坚持党要管党、从严治党，坚持强化思想理论武装和严格队伍管理相结合、发扬党的优良作风和加强党性修养与党性锻炼相结合、坚决惩治腐败和有效预防腐败相结合、发

① 江泽民．江泽民文选：第2卷［M］．北京：人民出版社，2006：496.

挥监督作用和严肃党的纪律相结合。”① 立足于“发展依靠谁，发展为了谁”，党的自我革命有条不紊地推进。它同时表明党通过自我革命，对自身建设规律和长期执政规律有了新的认识、新的体会，表明党对自我革命的认识达到了一个新的高度。

4. 习近平新时代中国特色社会主义思想对自我革命认识的最新发展

自我革命是党一贯坚持的优秀品质，但是，“自我革命”这一概念的提出却比较晚。习近平总书记在2015年中央全面深化改革领导小组第十二次会议上的讲话第一次明确提出“自我革命”这一概念。之后，在党的十九大上，第一次将“自我革命”写入党的政治报告，使之正

---

① 胡锦涛. 胡锦涛文选：第3卷［M］. 北京：人民出版社，2016：579.

式确定下来。习近平总书记关于党的自我革命的认识是一个系统的体系，是习近平新时代中国特色社会主义思想的重要组成部分。2017 年习近平总书记明确指出：“我们党之所以有自我革命的勇气，是因为我们党除了国家、民族、人民的利益，没有任何自己的特殊利益……不谋私利才能谋根本、谋大利，才能从党的性质和根本宗旨出发，从人民根本利益出发，检视自己；才能不掩饰缺点、不回避问题、不文过饰非，有缺点克服缺点，有问题解决问题，有错误承认并纠正错误。”① 源于对历史规律的深刻总结，习近平总书记从命题的提出到内容的界定都对党的自我革命进行了论述。历史反复证明，党要想战胜各种风险挑战，要想巩固自己的领导地位和长期执政地位，永葆自身生机活力，不进行自我革命是行不通的，也是不可

① 习近平关于“不忘初心、牢记使命”论述摘编［M］. 北京：党建读物出版社、中央文献出版社，2019：161-162.

能的。习近平总书记指出："我们党为什么能够在现代中国各种政治力量的反复较量中脱颖而出？为什么能够始终走在时代前列、成为中国人民和中华民族的主心骨？根本原因在于我们党始终保持了自我革命精神，保持了承认并改正错误的勇气，一次次拿起手术刀来革除自身的病症，一次次靠自己解决了自身问题。这种能力既是我们党区别于世界上其他政党的显著标志，也是我们党长盛不衰的重要原因所在。"[①] 党的十八大以来，虽然我们取得了举世瞩目的成就，但是党的建设依旧存在着某些"宽""松""软"的问题。在政治建设方面，党内政治文化和政治生态中，一些党员干部还存在阳奉阴违、有令不行的现象。在党的思想建设中，理想信念的缺失还在部分党员干部中存在。在党的组织建设中，宗派主义、好人主

① 习近平．论坚持全面深化改革［M］．北京：中央文献出版社，2018：326.

义、圈子文化、选人用人方面存在的问题还没有得到彻底解决。在党的作风建设中，“四风”问题仍有发生。在党的纪律建设中，政治纪律等六大纪律仍需进一步加强。在党的制度建设中，“纸老虎”“稻草人”现象依旧存在。在党的反腐败斗争中，海晏河清的政治生态还没有彻底形成。正是在这种复杂背景之下，习近平总书记深刻认识到：“在这种情况下，有没有强烈的自我革命精神，有没有自我净化的过硬特质，能不能坚持不懈同自身存在的问题和错误作斗争，就成为决定党兴衰成败的关键因素。”①

在习近平总书记关于党的自我革命认识的最新发展中，党的初心使命是党进行自我革命的内在动力，对权力进行监督和制约是党进行自我革命的重要措施，党员干部尤其是“关键

① 习近平关于“不忘初心、牢记使命”论述摘编［M］．北京：党建读物出版社、中央文献出版社，2019：163.

少数”是党进行自我革命的主要力量，而推动伟大社会革命则是党进行自我革命的目的。首先，中国共产党人的初心和使命是党进行自我革命的内在动力。习近平总书记指出：“不忘初心、牢记使命，必须以正视问题的勇气和刀刃向内的自觉不断推进党的自我革命。”[①] “做到不忘初心、牢记使命，并不是一件容易的事情，必须有强烈的自我革命精神。”[②] 其次，对权力进行监督和制约是党进行自我革命的重要措施。习近平总书记指出：“‘权力导致腐败，绝对权力导致绝对腐败。’如果权力没有约束，结果必然是这样。”[③] 所以，必须要加强对权力运行过程的监督和制约。只有依靠制度建设对权力进行了监督和制约，才能够为党的自我革命提供

---

① 习近平. 在“不忘初心、牢记使命”主题教育总结大会上的讲话［M］. 北京：人民出版社，2020：15.

② 习近平. 习近平谈治国理政：第3卷［M］. 北京：外文出版社，2020：531.

③ 十八大以来重要文献选编（上）［M］. 北京：中央文献出版社，2014：136.

制度保障。再次，党员干部尤其是“关键少数”是党进行自我革命的主要力量。习近平总书记指出，我们党要永远立于不败之地，就要不断推进自我革命，教育引导党员、干部特别是领导干部从思想上正本清源、固本培元，筑牢思想道德防线，增强拒腐防变和抵御风险能力，时刻保持共产党人的政治本色。领导干部必须珍惜权力、管好权力、慎用权力，自觉接受各方面监督，做到忠诚老实、言行一致、表里如一，时刻想着为党分忧、为党奉献。而针对作为“关键少数”的领导干部，习近平总书记要求他们要在推进自我革命中起到表率作用，他指出：“中央政治局要在开展批评和自我批评方面为全党作表率，做勇于自我革命的战士。要坚持实事求是，勇于批评和自我批评，勇于听取不同意见，及时改正错误。”① 最后，推动伟

---

① 习近平．习近平谈治国理政：第 2 卷［M］．北京：外文出版社，2017：190.

大社会革命是党进行自我革命的目的。习近平总书记指出："在新时代，我们党必须以党的自我革命来推动党领导人民进行的伟大社会革命。"① 习近平总书记强调，我们不但要进行伟大的自我革命，还要依靠自我革命进行伟大的社会革命。伟大的社会革命和伟大的自我革命是紧密联系在一起的，中国共产党能够完成社会革命的一个重要原因就在于不断推进党的自我革命。习近平总书记强调："在新时代，我们党领导人民进行伟大社会革命，涵盖领域的广泛性、触及利益格局调整的深刻性、涉及矛盾和问题的尖锐性、突破体制机制障碍的艰巨性、进行伟大斗争形势的复杂性，都是前所未有的。我们必须增强忧患意识、责任意识，把党的伟大自我革命进行到底。"②

---

① 习近平关于"不忘初心、牢记使命"论述摘编［M］. 北京：党建读物出版社、中央文献出版社，2019：170.

② 十九大以来重要文献选编（上）［M］. 北京：中央文献出版社，2019：559.

三、自我革命源于党的建设实践的淬炼

习近平总书记指出："越是长期执政，越不能忘记党的初心使命，越不能丧失自我革命精神。"① 从党的建设角度来说，中国共产党的百年建设史是党不断进行自我革命的历史。系统梳理党的百年建设历史，对整体把握党自我革命的经验，提升党的长期执政能力，把党建设得更加坚强有力有着十分重大的意义。与党的百年建设历程相比，党的自我革命同样是一个不断向前推进，不断自我超越的过程。面对不同阶段的不同形势和任务，党的自我革命也相应地有不同的形式。在党的建设百年淬炼中，我们认识到必须要将党的自我革命摆在关键位

① 习近平关于"不忘初心、牢记使命"论述摘编［M］. 北京：党建读物出版社、中央文献出版社，2019：179.

置，在实践中总结独具自身特色的、符合自身发展规律的自我革命经验。在不同的历史时期，党的建设中的自我革命也有着不同的策略办法，正是因为有了这些与各个时期相适应的策略办法，我们的自我革命才得以顺利推进。

1. 新民主主义革命时期党的自我革命

中国共产党是新民主主义革命的领导者，实现新民主主义革命的胜利需要我们进行自我革命。中国共产党是新型的无产阶级政党，代表广大无产阶级的利益，从创建伊始就自带“自我革命”的基因，将马克思列宁主义作为指导思想，将实现共产主义作为矢志不渝的奋斗目标，代表着千千万万中国民众的利益。在新民主主义革命时期，党的建设主要围绕着思想建设、作风建设、组织建设展开。早在党成立之初，我们党就在党内确立起了严格的组织纪律，为党的发展壮大打下了坚实的组织基础。

1921 年党的一大通过了《中国共产党第一个纲领》，其中明确指出在党的组织生活中要发挥“监督”的作用。正是因为有了严格的纪律、严密的组织，党才能够在当时复杂的环境中不断壮大。1922 年党的二大召开，制定通过了第一部真正意义上的党章，其中将党的“纪律”独立开来，进一步明确指出，在强调党的纪律作风过程中要维护好党组织肌体的纯洁性，在自我革命的贯彻中增强党的战斗力。这一时期党的自我革命不仅仅表现在纲领和党章中，还表现在党的领导者能够刀刃向内、勇于承认自身错误上。在党的三大上，陈独秀主动进行了自我批评。会议对张国焘也进行了批评。从而表明，党在创建初期就有了自我革命的品质，有了刀刃向内的决心和勇气。

1927 年蒋介石发动四一二反革命政变。随即，党紧急召开了中共五大。但是，我们党在五大上并没有从根本上认识到右倾机会主义的错误思想。直到八七会议胜利召开，这一情形才得以改变。八七会议的意义从自我革命层面来讲，意味着我们通过自我革命纠正了右倾机会主义在党内的影响，八七会议也成为党的百年建设历史中第一次真正意义上的自我革命，通过党的思想建设对当时党内的错误思想进行了批判，使得自我革命在党的建设中得到了淬炼。但是，此后的一段时间内，由于对马克思主义的教条式理解领悟，以及部分党的领导人对革命形势的错误估计，党的思想建设出现了曲折。党内先后出现了以瞿秋白“左”倾盲动主义为代表、以李立三“左”倾冒险主义为代表、以王明“左”倾教条主义为代表的三次错误思想。在遵义会议上，党以自我革命的精神同党内的错误思想进行了坚决斗争，纠正了党内当时存在的“左”倾教条主义思想。

抗日战争时期，为了最终战胜日本帝国主义，实现民族独立、人民解放，党在《八一宣言》中提出了“兄弟阋于墙外御其侮”的主张。但是，当时党内出现了右倾思想，王明喊出了“一切服从统一战线，一切经过统一战线”的错误口号，给党领导的抗日民族统一战线带来了消极影响。面对党内存在的右倾和“左”倾思想，以毛泽东同志为代表的中国共产党人勇于进行自我革命，通过开展延安整风运动整顿了党的作风，端正了党的思想路线，保持了党的先进性和纯洁性，增强了党的凝聚力和战斗力。在解放战争中，虽然党内的错误思想偶有露头，但是都很快得到了纠正。正是有了自我革命在这一时期党的建设中的淬炼，党才得到了人民的衷心拥护，成为执政党，开启了中华民族的新篇章。

2. 社会主义革命和建设时期党的自我革命

新中国成立后，中国共产党以雷霆之势扫清残敌，党的建设所面临的内部和外部环境也随之发生了较大变化。党不仅要面对当时一穷二白的经济困境，还要面对执政的考验。在这种情况下，党的建设呈现出了新的特点。在组织迅速壮大、党员人数迅速增加的背景下，党的组织建设成为当务之急。党执政后短短两年时间，到1951年末，党员人数增加到580万人，党的基层组织的数量也达到了25万个。党员人数的迅速增加给党的组织建设带来了新的挑战。当时最为明显的是，党员干部由于缺乏锻炼而日益暴露出素质问题。一些党员干部自认为是有功之臣，出现了思想滑坡、意志消退等现象，随之而来的是脱离群众、形式主义、官僚主义等作风日渐增长。而那些新入党的党员中，不乏有一些投机分子，他们把一些不良作风带到了党内生活中，导致出现了部分党员干部贪污腐败、思想堕落、违法乱纪的现象。这些状况对一个刚取得执政地位的政党来说是极其危险的，如果不及时通过自我革命纠正错误、使党员干部符合党员标准，将损害我们党的形象，进而破坏我们党的执政根基。

为了从根本上解决这些问题，我们党坚决地进行了自我革命。以组织建设为重点，成功缓和了当时严峻的形势，解决了当时突出的问题。1956 年，党的八大胜利召开。大会强调，全党要集中力量，取得社会生产力的大发展。为了顺利实现这一目标，我们进行自我革命以适应当时的形势变化。针对当时党内存在的宗派主义、官僚主义，我们进行了集中整治。通过发动广大群众，号召党员干部积极开展批评与自我批评，有效地整顿了党内存在的突出问题。新中国成立初期我们加强党的建设的这些举措，是党勇于进行自我革命的有力证明。我们党通过有针对性地改进党的作风、端正党的思想、规范党的组织，对社会主义建设的顺利进行起到了积极作用。同时，因为党在自身建设中始终坚持自我革命，所以巩固了执政地位，获得了人民群众的信任。在这一时期，我们党的自我革命还表现在不断完善制度建设。1949年，为了从严治党，规范党内政治生活，加强党风廉政建设，我们党成立了中央纪律检查委员会，并在之后发布了一系列党内制度，加强了党的组织建设的规范性。党先后发布了《关于发展和巩固党的组织的指示》《关于接收新党员手续的规定》，对党的组织进行了严格要求，使党的纯洁性得以提升。这些制度的制定和出台，为党的自我革命提供了制度支撑和组织保障，对在党的组织建设中淬炼自我革命能力起到了积极的作用。

3. 改革开放和社会主义现代化建设新时期党的自我革命

1978 年，党的十一届三中全会胜利召开，这次全会后，党在思想建设、组织建设方面开始了全面的拨乱反正工作，一步步纠正了“文化大革命”时期党的自身建设所犯的错误、所走的弯路。同时，为了顺应时代发展潮流，党的建设与时俱进地新增了党的制度建设，构成了党的思想、组织、作风、制度四项建设齐头并进的党建新格局。随着改革开放序幕的拉开，我们党带领广大人民群众进入了改革开放和社会主义现代化建设新时期。在社会主义市场经济体制逐步确立的过程中，党执政面临着新的世情、国情、党情的挑战。党的建设的与时俱进意味着我们的自我革命也应顺应时代潮流向前发展，自我革命在改革开放的大环境下更应该得到深入推进。在改革开放初期，党内的“左”倾错误并没有得到根本消除，党的思想建设到了不得不改的紧要关头，亟须自我革命。只有思想上先扫清余毒，坚持正确的思想路线，才能够在政治路线和组织路线上彻底拨乱反正。以邓小平同志为核心的党的第二代领导集体意识到，只有进行更加深刻的自我革命，才能让党的建设取得长足发展，才能把党建设得更加坚强有力。针对思想上的僵化这一突出问题，邓小平同志强调要“解放思想，实事求是”。在这一提纲挈领的总要求下，全党进行了思想解放，为社会主义现代化建设破除了思想束缚。同时，为了适应新的形势，提升党的执政能力，党进行了政治体制改革。政治体制改革，尤其是对领导制度的改革，更加表明了党自我革命的决心和勇气。这些举措无一不表明中国共产党的自我革命在任何时期都能坚决推进，为了适应环境，我们随时有能力、有信心、有决心推动自我革命，加强自身建设。

值得注意的是，随着改革开放的不断推进，党自我革命的方式也与时俱进，不单单依靠整党整风运动推进自我革命向前发展，还采取了一系列新的方式方法推进自我革命，诸如常态化地进行集中教育来拓宽自我革命的途径。通过集中教育，我们党解决了党内存在的实际问题，解决了党在执政过程中遇到的难题难点，增强了自我革命的成效，提升了党的领导力、战斗力、凝聚力。改革开放以来，党和国家的战略重心转移到了经济建设上来。随着市场经济的不断发展，拜金主义、利己主义等西方社会思潮也随之冲击了我们的传统观念，一些党员干部经受不住利益的诱惑，走上了贪污腐败的道路，这就给党的长期执政带来了新的挑战。这部分党员干部的腐败行为从一定意义上来说扰乱了正常的市场经济秩序，损害了党在人民群众中的形象，破坏了党在社会中的公信力，如果不加以杜绝，必将带来严重后果。在这种情况下，党的自我革命尤为重要。针对在改革中出现的贪污腐败问题，党坚决进行自我革命，加强党的作风建设，加大惩治力度，提升党员干部自我净化能力，不断将自我革命推向更高层面。在这一时期，党的建设与自我革命紧密联系，自我革命在党的建设中得以淬炼。党中央将党的建设定位为新的伟大工程。在党的十七大上，针对贪污腐败问题，专门在党的建设中强调要进行自我革命，将反腐倡廉建设同党的思想建设、组织建设、作风建设、制度建设并列，纳入党的建设总体布局，充分展示了党对贪污腐败现象的深恶痛绝，也充分表明了党不断推进自我革命、实现自我提高和自我完善的迫切愿望。

4. 中国特色社会主义进入新时代以来党的自我革命

党的十八大以来，我们进入了中国特色社会主义新时代。党科学研判形势发展，准确把握时代命脉，将自我革命推进到了新的阶段。当今国际形势复杂多变，党所面临的外部环境日益严峻。改革开放进入了“深水区”，留下的都是难啃的“硬骨头”，改革发展稳定面临更加艰巨的形势。党内存在着一些亟待解决的问题，

“四风”问题仍有发生，“四大危险”“四大考验”并存，给党造成了一些困扰，党的执政能力和水平需要进一步提高。这些问题的存在需要我们更加深刻地推进自我革命。针对这些问题和挑战，以习近平同志为核心的党中央将“全面从严治党”纳入“四个全面”战略布局，充分彰显了自我革命在新时代的分量。特别是在党的十九大上，首次将政治建设排在党的建设的首要地位，并增加了纪律建设的新内容，将反腐倡廉建设改为主观意义更为直接的反腐败斗争，强调自我革命的重要性，这样，就形成了以“政治建设、思想建设、组织建设、作风建设、纪律建设”五大建设和“制度建设、反腐败斗争”两大建设的“5+2”党的建设新格局。在这样的党建新格局中，党的自我革命进一步得到了淬炼。

第一，新时代党的自我革命更加注重理想信念的教育，更加重视党内法规的规范作用。

从改革开放后进行的一系列学习活动到党的十八大以来进行的“主题教育”，党内集中教育的方式向着制度化、程序化的方向迈进。在党进行自我革命不断深化的背景下，努力建立理想信念教育长效化体制机制，将集中教育与经常性教育二者有机结合，充分显示了党进行自我革命的决心和气魄。党的十八大以来，先后进行了党的群众路线教育实践活动、“三严三实”专题教育、“两学一做”学习教育、“不忘初心、牢记使命”主题教育和党史学习教育，这一系列集中性学习教育活动的目的是要加强思想建设、纪律建设、作风建设等，旨在提高党的自我革命能力。同时党还认识到了制度建设具有长远意义，通过加强制度建设可以为自我革命提供制度保障。党的十八大以来，我们制定和修订了 180 多部党内法规，一批基础性、关键性党内法规陆续颁布，为党的自我革命提供了坚实依靠。

第二，新时代党的自我革命更加注重党的作风建设，强化了监督问责机制。党的十八大以来，党推进自我革命主要依靠作风建设的加强来实现。以中央八项规定作为新时代加强作风建设的切入点，将纠正“四风”问题持之以恒坚持下去，整治了党内乱象。通过将专项监督与日常监督相结合，有力推动了党的纯洁性建设。同时，加强了监督问责的力度，有效净化了党内政治生活，促使风清气正的政治生态得以形成。2019 年，《中国共产党问责条例》修订后，进一步提升了监督问责的实效性和精准度，对问责不力和问责泛化都进行了卓有成效的防治。通过对作风建设的加强和监督问责的强化，彰显了党勇于自我革命的政治品格，使党的自我革命更加有效。

第三，新时代党的自我革命更加注重反腐败斗争，强调对党员干部的贪污腐败行为零容忍、强高压、长震慑。通过将反腐败斗争推向纵深，有力保障了党的自我革命的长期有效。腐败行为是党一直以来都要面对的重大危险，将反腐败斗争向纵深推进，坚持一体推进不敢腐、不能腐、不想腐的科学机制，坚持“猛药去疴”“刮骨疗毒”，展示了党自我革命的坚强决心。我们当前的反腐败斗争，是“不定指标、上不封顶，凡腐必反，除恶务尽”的反腐败斗争，是“打虎”“拍蝇”“猎狐”齐头并进的反腐败斗争，反腐败力度前所未有，范围之广涉及整个国家。通过推进反腐败斗争，党自我革命的坚定信心和必胜信念得到了充分释放。

第二章

坚持自我革命是中国共产党显著的政治优势

纯洁性是马克思主义政党的本质属性，是马克思主义政党的生命所系、力量所在。党的十八大报告提出，要增强自我净化、自我完善、自我革新、自我提高能力。深刻领会这一要求的丰富内涵，并把这一要求落到实处，对加强党的先进性和纯洁性建设、实现长期执政具有重要意义。

一、自我净化革除自身毒瘤

“净化”一词内涵十分丰富，不同学科、不同领域、不同语境对“净化”的内涵理解并不一样。《现代汉语词典》对“净化”的定义为：清除杂质使物体纯净。狭义的净化主要指将水、空气中的杂质进行清洁处理，使之更加纯净。从政党政治的角度来看，政党作为一个组织，有着其独特的组织使命、组织原则和组织纪律，在其成长过程中，必然会有一些成员达不到政党组织的要求，如果把政党比喻为一个物体，那么这些不符合政党要求的党员就是这个物体中的杂质，只有不断通过自我净化的方式，才能使政党这个物体更加纯净，保持政党的先进性，防止政党堕落变质。

自我净化是中国共产党永葆先进性、纯洁性的重要法宝。毛泽东同志在1945年《论联合政府》中就生动形象地指出："房子是应该经常打扫的，不打扫就会积满了灰尘；脸是应该经常洗的，不洗也就会灰尘满面。我们同志的思想，我们党的工作，也会沾染灰尘的，也应该打扫和洗涤。'流水不腐，户枢不蠹'，是说它们在不停的运动中抵抗了微生物或其他生物的侵蚀。”[①] 一个政党如果任由这个组织中的各种“微生物”“杂质”生长和侵蚀，就会传染到政党中的其他成员，产生连锁效应，最后让政党“生病”，甚至长出“毒瘤”，使政党最终变质、消亡。因此，一般而言，聪明有智慧的政党都重视自我净化，以此来维持政党的肌体健康。

中国共产党代表最广大人民的根本利益，以先进思想为指导，善于开展批评与自我批评，勇于刀刃向内，刮骨疗伤，具有强大的自我净化能力，在组织感染“病毒”后能够及时自我净化、自我修复，并提升自身“免疫力”。中国共产党的自我净化能力主要包括政治净化、思想净化、组织净化、作风净化四个方面。

1. 党的政治净化

党的十九大提出的新时代党的建设总要求，

---

① 毛泽东. 毛泽东选集：第3卷［M］. 2版. 北京：人民出版社，1991：1096.

把政治建设摆在了党的建设的首位。党的政治建设是党的建设中最重要的，是统领和核心。政治建设是党的根本性建设。任何政党都有政治属性，都有自己的政治使命、政治目标、政治追求，这是一个政党区别于其他政党的重要标志。推进党的政治净化，就是要同党内错误的政治路线、政治方向、政治生态作斗争，维护党的政治领导、夯实党的政治根基、维护党中央权威和集中统一领导。中国共产党历来注重从政治上建设党。从古田会议上毛泽东同志提出思想建党、政治建军原则，到 1945 年党的七大提出“首先着重在思想上、政治上进行建设，同时也在组织上进行建设”；从新中国成立后毛泽东同志提出“政治工作是一切经济工作的生命线”，到改革开放后邓小平同志强调“到什么时候都得讲政治”，都表明注重从政治上建设党是我们党不断发展壮大、从胜利走向胜利的重要保证。

方向决定命运。党的政治净化的首要任务是把准正确的政治方向，坚决同党内的错误路线作斗争，使党始终沿着正确的道路和方向前进。在新民主主义革命时期，由于斗争经验缺乏和对中国国情认识不足，党内曾发生过数次影响深远的路线斗争。第一次是与陈独秀右倾机会主义路线作斗争。通过八七会议纠正了右倾机会主义错误，给处于思想混乱和组织涣散的中国共产党指明了新的出路。第二次是与“左”倾盲动主义路线作斗争。1927 年 11 月党中央的扩大会议使“左”倾路线第一次在党中央的领导机关内取得了统治地位，当时的党内领导人不顾当时中国共产党和革命力量较为弱小的事实，要求在全国组织毫无胜利希望的地方起义。这个错误路线一开始就引起了毛泽东和在白区工作的许多同志的正确批评。“左”倾盲动主义在实际工作中导致了许多损失，到 1928 年 4 月在实际工作中基本上结束。第三次是与李立三“左”倾冒险主义路线作斗争。1930年3月以后，党中央的工作实际上由李立三主持。在6月11日召开的中央政治局会议上，通过了由李立三起草的《新的革命高潮与一省或几省首先胜利》决议案，制定了组织全国中心城市武装起义和集中全国红军进攻中心城市的冒险计划，使党和革命力量受到损失，“立三路线”遭到了以毛泽东同志为代表的广大干部和党员的抵制和纠正。1930年9月六届三中全会及时停止了“立三路线”。第四次是与王明的“左”倾教条主义错误作斗争。1931年至1934年，以教条主义为特征的、在党内统治长达4年之久的王明“左”倾教条主义，在理论上、政治上、军事上、组织上表现得最为充分，影响最深，危害最大，导致了第五次反“围剿”的失败。1935年遵义会议事实上确立了毛泽东同志在党中央和红军中的领导地位，结束了“左”倾路线在党中央的统治，制定了正确的政治路线，在最危急的关头挽救了党。改革开放以来，中国共产党始终沿着正确的政治方向前进。在苏联解体、东欧剧变后，国际共产主义运动陷入低潮。在这个重要的历史关头，邓小平同志再一次站了出来，通过南方谈话，再次强调“一个中心、两个基本点”的基本路线不能动摇，要管一百年，坚定了全党和全国人民的信心，为中国的发展指明了正确方向。改革开放 40 多年取得的伟大成就证明了，中国特色社会主义道路是一条国家的强盛之路、民族的发展之路、人民的幸福之路。

党的政治净化还必须维护党的团结统一，特别是党中央的集中统一领导。在领导第一国际工作的过程中，马克思、恩格斯就对以巴枯宁为代表的无政府主义进行了坚决斗争。1871 年，马克思和恩格斯在总结巴黎公社失败的教训时指出，没有能够形成众望所归的领袖核心，没能建立起力挽狂澜的权威领导，是导致巴黎公社革命失败的重要原因。维护党的团结统一和集中统一领导，就必须同各种分裂党的行为和宗派主义、山头主义、个人主义进行坚决斗争。在党的历史上就出现过张国焘的分裂主义和王明的与党中央分庭抗礼。1935 年 6 月，中共中央根据红军两大主力会师后的形势，提出北上建立川陕甘根据地的战略方针。但张国焘自恃掌握的兵力多，个人野心膨胀，不服从中央的决定，不执行军委计划，公然向党争权，并于 10 月在卓木碉另立党的“中央”“中央政府”“中央军委”“团中央”，公开分裂党和红军，使红四方面军受到重大损失。1937 年 11 月，王明被斯大林和共产国际派回中国，王明自恃有强硬的国际背景，根本不把中共中央和毛泽东同志放在眼里，否认统一战线中的独立自主原则，主张“一切经过统一战线”，在主持中共中央长江局工作期间，片面强调国共两党精诚团结，忽视两党之间抗战路线的区别，拒不执行党中央的决策部署，与中央分庭抗礼。党中央及时纠正了张国焘和王明的错误行为，确保了党的团结统一和党中央的集中统一领导，为取得新民主主义革命的胜利提供了坚强的政治和组织保证。历史告诉我们，只有党中央有权威，才能把全党牢固凝聚起来，进而把全国各族人民紧密团结起来，形成万众一心、无坚不摧的磅礴力量。党的十八大以来，以习近平同志为核心的党中央全力推进党的政治建设，健全维护党中央权威和集中统一领导的各项制度，党的团结统一更加巩固。

2. 党的思想净化

始终重视思想建党、理论强党是中国共产党成功的重要秘诀。思想建党就是要在思想方面保持党的纯洁性，把党内出现的一些非无产阶级思想及时清理出去。古田会议对党内和军队内出现的各种错误思想的表现和来源进行了深入剖析，并对这些错误思想提出了纠正办法，开启了党内纠正错误思想的先河。抗日战争时期，延安整风运动是我们党思想建党的光辉范例。它是一次深刻的马克思主义思想教育运动，收到了巨大成效。它坚持马克思主义同中国实际相结合的正确方向，使实事求是的马克思主义思想路线在全党范围内深入人心。通过整风运动，实现了在以毛泽东同志为核心的党中央领导下全党新的团结和统一，为抗日战争的胜利和新民主主义革命在全国的胜利，奠定了重要的思想政治基础。

一百年来，中国共产党通过不断与党内出现的各种“左”倾和右倾错误思想作斗争，在意识形态领域维护马克思主义的指导地位，同各种非马克思主义思想进行坚决斗争。为了加强党的思想建设，净化党的思想，把全党建设成为一个真正的马克思主义政党，中国共产党形成了党内集中主题教育的机制。通过党内多次集中主题学习教育活动，使全体党员能够与时俱进学习掌握党的最新理论，清除党内出现的各种错误思想，使全体党员的思想统一到党中央的决策部署上来，达到全党的高度统一团结。

3. 党的组织净化

党员是政党的细胞，党的肌体健康与否，党员起着至关重要的作用。无产阶级政党十分注重党员的纯洁性，不片面追求党员数量，而对党员的质量要求非常高。列宁指出，徒有其名的党员，就是白给，我们也不要。世界上只有我们这样的执政党，即革命工人阶级的党，才不追求党员数量，而注意提高党员质量和清洗“混进党里来的人”。

中国共产党在建党之初，就高度重视党组织的纯洁性，把不符合要求的党员及时清理出去。大革命失败后，毛泽东同志领导秋收起义，成功开辟了井冈山革命根据地。为了扩大革命力量，在井冈山地区也大力招收新的党员，建立党组织。采取公开的方式吸收党员，召开群众大会，挂起公开吸收党团员的牌子，由群众报名参加。甚至出现了串连发展和拉人凑数的情况。一时间，湘赣边界的党员数量激增。这种迅速发展党员的方式造成了不良的后果。许多投机分子混入党内，造成党组织不纯，严重破坏了党的组织，削弱了党的战斗力。这些问题的存在严重影响了井冈山革命根据地的巩固和扩大。针对湘赣边界各县党组织内存在的问题，毛泽东同志对党组织进行了整顿。这次整顿纯洁了党组织队伍，使得边界各县党组织的战斗力和凝聚力大大增强，为井冈山革命根据地的巩固和发展，提供了坚实的组织保证，也为我们党后来开展整党运动奠定了良好的基础。

4. 党的作风净化

作风联系着党风、政风和民风，党的作风优良，则政治清明、海晏河清；作风不正，则政治腐败、道德堕落。在长期的革命实践中，中国共产党形成了理论联系实际、密切联系群众、批评与自我批评的优良作风。净化党的作风就是要不断净化工作作风、生活作风、学习作风、纪律作风、领导作风等各个方面，使党永葆清正廉洁、永远密切联系群众，用优良的作风来赢得民心。

工作作风体现在党内工作的各个方面，表现为党员贯彻落实上级工作部署、开展调查研究、推动工作开展的态度和行动。工作作风决定着党的工作成效。作为马克思主义政党，中国共产党要求广大党员在工作中解放思想、积极上进、善于创新、求真务实、敢于担当、密切联系群众。净化党的工作作风就是要对工作中弄虚作假、为官不为、形式主义等行为和风气及时进行制止和纠正，让不良风气无处遁形。如不少地区开展的“杜绝庸懒散、提升精气神”“为官不为严问责、不换状态就换人”“为官要有为，无为也问责”等专项行动都是针对工作中不想为、不敢为、不会为的不良工作作风进行的整治。

党的学风是一个政党在学习方面所表现出来的态度和展现的整体形象。毛泽东同志曾指出：“所谓学风，不但是学校的学风，而且是全党的学风。学风问题是领导机关、全体干部、全体党员的思想方法问题，是我们对待马克思列宁主义的态度问题，是全党同志的工作态度问题。”为了净化党的学风，1942 年毛泽东同志在延安中共中央党校开学典礼上就做了《整顿党的作风》的讲演。在讲演中，毛泽东同志着重分析了党内存在的主观主义的不良学风，表现为经验主义和教条主义。经验主义只从自己工作中去提取经验，认为感性经验是知识的唯一来源，一切知识都要在经验中获得，并在经验中验证，忽视了通过理论学习也可以获得知识。教条主义则危害更大，只是生搬硬套现成的原则、概念来处理问题，理论与实践脱节，主观与客观相分离，不从实践中去找答案，没有做到实事求是。

生活作风是党员在生活中的行为表现。党章明确规定，中国共产党是中国工人阶级的先锋队，同时是中国人民和中华民族的先锋队。这就要求党员在生活中处处带头，不管是道德情操还是生活习惯，都要给人民群众发挥表率作用。风成于上，俗化于下。党员的生活作风看似属于个人的私生活，实则是关系党风政风的大事，因此，党员必须严格要求自己，为人民群众树立好榜样。社会主义核心价值观中关于个人层面的要求，爱国、敬业、诚信、友善是党员必须遵守的准则，同时广大党员干部还要做到艰苦朴素、勤俭节约、团结邻里、乐于助人。近年来，一些党员干部因为生活作风不检点而被处理，这彰显了党净化生活作风的决心和勇气。

纪律作风体现为党员严守党的纪律规矩的整体风气。没有规矩，不成方圆。中国共产党尤其注重党的纪律建设，对一些违纪行为及时进行处理，净化党的纪律作风。党的纪律主要包括政治纪律、组织纪律、廉洁纪律、群众纪律、工作纪律和生活纪律。纪律作风严密，则全党团结统一，富有战斗力；纪律作风松弛，则全党各行其是，你敲你的锣，我打我的鼓，整体不成调。在党的十八大前，一段时间内，一些地方和部门存在纪律不严的情况，党员身份意识不强，贯彻落实中央决策部署不力，影响了党在人民群众中的形象。党的十八大以来，以习近平同志为核心的党中央坚持全面从严治党，正风肃纪，坚持“老虎”“苍蝇”一起打，党风政风为之一新。

领导作风是党的各级领导干部在领导单位和人民群众工作中展现出的形象。作为领导干部，应当坚持民主集中制的根本原则，既要发扬民主，广泛征求各方意见，不能在单位搞一言堂，更不能搞家长制，又要善于集中，能够将各方不同的意见集中起来，避免议而不决，决而不行。除此之外，作为领导干部，还要敢于担当，不能把民主集中制作为不担当不作为的挡箭牌。1935 年 3 月，遵义会议召开后没多久，中共中央政治局召开扩大会议，围绕是否攻打打鼓新场（今贵州金沙县城）守敌，在苟坝会议上展开激烈争论。从当时形势看，许多红军指战员求战心切，一心想要扩大战果，占领物产丰富、商业繁荣的打鼓新场，使红军得到更多的后勤补给，以利于开辟新的革命根据地。参会的大多数同志都赞成攻打打鼓新场。但毛泽东同志坚决反对，他认为存在着红军长途奔袭损耗较大、打鼓新场易守难攻、四周强敌环伺等不利因素，如果冒险开战，红军将处于四面受敌之境，后果不堪设想。经过几个小时的讨论都没有达成一致意见，最后中央决定采取举手投票表决的方式来决定是否攻打打鼓新场，结果大多数人投票赞成这一军事行动。当天晚上，毛泽东同志夜不能寐，提着马灯去找周恩来等人，做他们的工作，使红军最后放弃了攻打打鼓新场的军事行动，避免了一场正要发生的重大危险。因此，领导干部在坚持民主集中制的同时，还要坚持真理，敢于担当。

二、自我完善提升整体形象

自我完善，就是要修复肌体、健全机制、丰富功能，着眼于加强党的长期执政能力建设、先进性和纯洁性建设，着力补短板、强弱项，健全各方面风险防控机制，不断构建系统完备、科学规范、运行有效的制度体系，完善决策科学、执行坚决、监督有力的权力运行机制，健全党统一领导、全面覆盖、权威高效的监督体系，更好地巩固党的执政基础、提高党的执政能力和领导水平。

1. 完善党的领导制度

领导权问题是马克思主义政党的首要问题。确立和维护无产阶级政党的领导，是科学社会主义的一条基本原则，也是马克思主义建党学说和国家学说的一个基本观点。1848 年，马克思、恩格斯在《共产党宣言》中提出“全世界无产者联合起来”的口号，无产者的联合必须依靠无产阶级政党。无产阶级政党是工人联合会的中心和核心。列宁在领导俄国革命和苏联社会主义实践中，发展了马克思、恩格斯的思想，提出党是无产者的阶级联合的最高形式。

中国共产党自成立以来，在革命实践中不

断深化对领导权的认识。建党初期，由于党还处于幼年时期，在大革命中放弃了革命领导权，导致革命失败。此后，中国共产党痛定思痛，1935 年瓦窑堡会议就提出要在抗日战争中处于领导地位。针对王明提出的“一切经过统一战线”的右倾错误思想，毛泽东同志反复告诫全党：“我们一定不要破裂统一战线，但又决不可自己束缚自己的手脚，因此不应提出‘一切经过统一战线’的口号。”[①] 这在本质上就是要坚持统一战线中无产阶级领导权的问题。

新中国成立后，党的领导核心作用在社会主义事业中的作用表现得更加明显。1962 年，毛泽东同志在“七千人大会”上指出：“工、农、商、学、兵、政、党这七个方面，党是领导一切的。”[②]

---

① 毛泽东. 毛泽东选集：第 2 卷［M］. 2 版. 北京：人民出版社，1991：540.

② 毛泽东文集：第 8 卷［M］. 北京：人民出版社，1999：305.

改革开放以后，针对计划经济时期一元化领导造成的权力过分集中及官僚主义的弊端，我们党对党的领导制度进行了改革，包括完善民主集中制、废除领导干部职务终身制，党的领导制度进一步完善。

党的十八大以来，习近平总书记反复强调，党的领导是中国特色社会主义最本质的特征。十九大党章修正案将“坚持党要管党、从严治党”修改为“坚持党要管党、全面从严治党”，并将“党政军民学，东西南北中，党是领导一切的”这一重大政治原则写进去，逐渐形成了党总揽全局、协调各方的领导制度体系。

2. 完善权力运行机制

权力是社会政治生活的核心，其运行是否科学有效，是判断一个国家政治文明和发展水平的重要标志。党的十九大报告提出，健全依法决策机制，构建决策科学、执行坚决、监督有力的权力运行机制。进一步明确统筹考虑各类机构设置，科学配置党政部门及内设机构权力、明确职责。这表明了权力运行机制建设的重要性和紧迫性，并且从顶层设计的高度提出了明确的改革方向和具体要求。我国是人民民主专政的社会主义国家，人民代表大会制度是我国的根本政治制度。这种制度既能够防止权力滥用，又能够集中力量办大事。特别是随着改革开放和社会主义现代化建设的深入推进，随着社会主义民主政治建设的不断发展，随着党和国家各项领导制度和工作制度的日益完备和定型，党和国家的权力结构和运行机制也日益健全和成熟，能够比较好地适应经济社会持续健康发展的需要。但也要看到，在一些具体方面还存在一些不相适应、不够完善的地方。如：权力配置还不尽科学；权力过分集中，导致“一把手”出问题的比例相对比较高；权力运行过程还不够透明；对权力的监督还不够有力。因此，形成科学有效的权力制约和协调机制，既是我们党提高执政能力、巩固执政地位、完成执政使命的重要保证，也是建设廉洁政治，实现干部清正、政府清廉、政治清明的根本保证。

当然，构建科学有效的权力制约和协调机制，是一个涉及面广的艰巨复杂的系统工程，要与深化政治、经济等各方面体制改革协同推进，逐步完善。党的十八大以来，不断深化党和国家机构改革，特别是党的十九届三中全会通过了《深化党和国家机构改革方案》，适应新的发展形势，组建了国家监察委员会、中央全面依法治国委员会、中央审计委员会、自然资源部、生态环境部、农业农村部、文化和旅游部等部门，进一步完善了国家治理体系，提升了国家治理效能。

3. 完善党内监督机制

中国共产党历来高度重视党内监督，依靠

自我监督来实现自我革命。早在1927年，中共五大就设立了监察委员会，这是党的历史上首次设立的党内最高监督机关，后因大革命失败后党转入秘密状态，于1928年撤销。1945年，党的七大通过的党章正式决定取消党的各级审查委员会，重新恢复了党的监察机关，这使得分散的党内监督权重新统一起来。1949年新中国成立后，党中央随即作出《关于成立中央及各级党的纪律检查委员会的决定》，成立由朱德等11人组成的中共中央纪律检查委员会。

1966年“文化大革命”爆发后，党内的监察机构受到冲击。直到“文化大革命”结束后，党的监督机构才得以恢复。1977年党的十一大决定恢复业已中断十一年的中央和各级纪律检查委员会。党的十一大通过的《中国共产党章程》明确规定，党的中央委员会，地方县和县以上、军队团和团以上各级党的委员会，都设立纪律检查委员会。

从1982年党的十二大开始，党内监督机构建设进入快速发展的历史新时期，并逐步建立了派驻和巡视制度。党的十八大以来，以习近平同志为核心的党中央更加重视运用好巡视这把“利剑”，修订了《中国共产党巡视工作条例》，使之成为巡视制度的基础性文件，为新时代党的巡视工作提供了基本遵循。同时，进一步完善纪委派驻纪检组制度，明确派驻机构对派出机关负责，受派出机关直接领导。派驻机构按照干部管理权限和派出机关的授权，履行监督、执纪、问责、调查、处置职责。驻在部门具有行业管理职能的，派驻机构可以根据授权，对驻在单位管理的行业、系统，实施党内监督和国家监察，实现党内监督和国家监察全覆盖。

三、自我革新培育创造活力

事实证明，自我革新是一个政党不断适应形势变化、永葆生机活力的源泉。中国共产党在历史进程中，不断适应形势变化，进行自我革新。

1. 不断解放思想

中国共产党的诞生，是党的先驱们跳出旧的思维窠臼，解放思想、实事求是、勇于接受马克思主义的结果。近代以来，古老的中国遭受西方列强的入侵，一步一步成为半殖民地半封建社会，国家蒙辱，人民蒙难，文明蒙尘。无数仁人志士开始探寻救亡图存之路，从太平天国运动、戊戌变法、义和团运动到辛亥革命，种种救国方案轮番出台，却均以失败告终，没有改变中华民族和中国人民的苦难命运。十月革命一声炮响，给中国送来了马克思列宁主义。以陈独秀、李大钊等为代表的中国进步知识分子，首先接受了马克思主义。中共一大通过的党纲，既坚持马克思主义无产阶级革命的目标是实现社会主义、共产主义，又从中国当时国内的阶级状况、经济社会发展状况出发，在解放思想中初步认识到中国问题的特殊性，为以后探索中国革命道路提供了有益的思考。中国共产党是一个思想解放的马克思主义政党，它既坚持以马克思列宁主义为指导，又没有把马克思列宁主义当作教条，而是从实际出发，坚持解放思想、实事求是，成功探索出了一条农村包围城市、武装夺取政权的中国革命道路，并形成了毛泽东思想，成为马克思主义中国化的重要理论成果。它反映了我们党勇于解放思想、勇于理论创新的优秀品格。新中国是在一穷二白的基础上开始搞建设的。一开始我们主要是借鉴苏联的经验，到 1956 年过渡时期结束、社会主义制度建立时，以毛泽东同志为核心的党的第一代中央领导集体已经警觉地认识到苏联模式的弊端，提出要把思想从苏联模式中解放出来，从中国实际出发，探索自己的建设道路。

中国的改革开放是以解放思想为先导的。1978年关于真理标准问题的讨论开启了思想解放的大门。开启改革开放新时期的党的十一届三中全会，就是在解放思想的推动下召开的。围绕建设中国特色社会主义这个重大命题，以邓小平同志为主要代表的中国共产党人，大胆探索，在我国社会发展阶段、发展道路、发展动力、发展战略、根本任务、领导力量和依靠力量等问题上提出了一系列科学的判断和观点，第一次比较系统地回答了在中国这样的经济文化比较落后的国家如何建设社会主义、如何巩固和发展社会主义的一系列基本问题，形成了邓小平理论，成功开辟了一条适合中国国情的社会主义现代化建设道路，即中国特色社会主义道路。

党的十三届四中全会以后，以江泽民同志为主要代表的中国共产党人，面对国内外十分复杂的形势和世界社会主义运动出现严重曲折的考验，要求全党不把书本当教条，不照搬外国的模式，进一步解放思想、实事求是、与时俱进，毫不动摇地举中国特色社会主义的旗，坚定不移地走中国特色社会主义的路，加深了对什么是社会主义、怎样建设社会主义和建设什么样的党、怎样建设党的认识，形成了“三个代表”重要思想。

党的十六大以后，以胡锦涛同志为主要代表的中国共产党人，坚持解放思想、求真务实，系统回答了新形势下实现什么样的发展、怎样发展等重大问题，形成了科学发展观，成功在新的历史起点上坚持和发展了中国特色社会主义，使新世纪的中国共产党焕发出更加蓬勃的生机。

党的十八大以来，以习近平同志为核心的党中央，坚持解放思想、实事求是，立足我国主要矛盾历史性的变化，以问题为导向，提出了一系列新理念、新思想、新战略，从理论和实践结合上系统回答了新时代坚持和发展什么样的中国特色社会主义、怎样坚持和发展中国特色社会主义这一重大时代课题，以全新的视野深化了对共产党执政规律、社会主义建设规律、人类社会发展规律的认识，形成了习近平新时代中国特色社会主义思想，开拓了中国特色社会主义更为广阔的前景。

2. 坚持群众主体地位

人民群众是历史的创造者，是推动社会变革和发展进步的决定力量。人民群众不仅是社会实践活动的主体，也是党实现自我革新的动力源泉。中国共产党根植于人民群众，是中国最广大人民利益的代表，因此，中国共产党的每次自我革新都有着深厚的群众基础。同时，人民群众中蕴含着无穷的智慧和力量。中国共产党历来高度重视人民群众的首创精神，坚持问政于民、问需于民、问计于民、问策于民，拜人民为师，把人民群众的智慧作为自我革新的重要推动力量，并从中获取充足养分。群众路线是我们党的生命线和根本工作路线，是我们党永葆青春活力和战斗力的重要传家宝。

在小岗村的大包干纪念馆里，最受关注的是 40 多年前，18 位村民按下分田到户红手印的照片。1978 年的一个冬夜，在小岗村一间破旧的茅草屋里，18 位村民聚集在一起，就着昏黄的油灯，在一纸分田到户的“秘密契约”上按下鲜红的手印，实行农业“大包干”，拉开了中国农村经济体制改革的序幕。尊重人民首创精神，把选择权交给农民，让政策顺应民意。1982 年，党中央以一号文件形式批转《全国农村工作会议纪要》，明确指出，目前实行的各种责任制，包括小段包工定额计酬，专业承包联产计酬，联产到劳，包产到户、到组，包干到户、到组，等等，都是社会主义集体经济的生产责任制。1983 年和 1984 年，党中央又连续下发文件，把包干到户和包产到户为主要形式的家庭联产承包责任制，推行到了全国农村。到 1984 年底，全国 569 万个生产队中 99% 以上都实行了家庭联产承包责任制。

在社会主义市场经济体制的建立中，人民群众也发挥了重要的首创精神。20 世纪 80 年代初，安徽芜湖一个名叫年广久的个体户，把“傻子瓜子”的生意越做越大，从最初雇 4 个帮手开始，两年内发展成雇工超过 100 人的私人企业，远远超过了当时的私营企业雇工限制。“傻子瓜子”事件闹到了中央，有关材料报到了邓小平同志的案头。邓小平同志的指示是“先不要动他”，意思是先看一看，不要一棍子打死。1984 年 10 月，邓小平同志又在中顾委第三次全体会议上说：“你解决了一个‘傻子瓜子’，会牵动人心不安，没有益处。让‘傻子瓜子’经营一段，怕什么？伤害了社会主义吗？”事实证明，“傻子瓜子”带动了就业，工人提高了收入，国家增加了税收，皆大欢喜。

3. 充分发扬民主

“党内民主是党的生命，是党内政治生活积极健康的重要基础。”[①] 在党内，尤其是党的各级领导班子中，要广泛发扬民主，坚决贯彻落实民主集中制，实行集体决策、民主决策。这样可以最大限度地避免决策失误，保证决策的正确性、科学性，也有利于党及时总结经验、发现问题，改正错误、自我革新。要实现自我革新，包括理论创新、实践创新、制度创新，必须形成与此相关的民主氛围、民主制度。要

---

① 关于新形势下党内政治生活的若干准则［M］. 北京：法律出版社，2016：16.

让大家畅所欲言，鼓励各种不同意见发表。正是由于党的十一届三中全会以来形成了这样的民主氛围，我们党才能够对党的基本路线、思想路线、政治路线进行重大调整，把党和国家的工作重心转移到经济建设上来。也正是由于全党尤其是党中央，形成了民主的政治氛围和决策机制，我们才能够积极稳妥推进党和国家领导制度改革，实现党的自我革新。要“畅通党员参与讨论党内事务的途径，拓宽党员表达意见渠道，营造党内民主讨论的政治氛围”①。同时，要健全党内重大决策论证评估和征求意见的制度，保证党员能够对重大决策和重大问题发表意见和建议。要允许党员发表不同意见，以及向上级组织、直至中央反映情况，提出建议。

① 关于新形势下党内政治生活的若干准则［M］. 北京：法律出版社，2016：17.

四、自我提高增强担当本领

政党的存在和发展，是以其作用的发挥为前提的。政党的使命就是要实现维护它所代表的阶级、阶层和社会集团的利益。因此，政党要在瞬息万变的时代环境中取得良好的执政绩效，以此获得民众的支持，就必须不断提升自身执政水平，增强干事创业的精气神，提高求真务实抓成效的本领。中国共产党自成立以来不断自我提高，增强担当本领，提高执政能力。

1. 提高党性修养

党性是共产党员立身、立业、立德的基石。加强党性修养对于每一个党员来说，都是必须解决好的重大课题。党性不会随着党龄的增加而自然增强，也不可能随着职务的升迁而自然增强，必须在严格的党内生活锻炼中不断增强。党性修养具有鲜明的时代特点，在不同的历史时期、不同的时代背景下，党性修养的侧重点会有所不同。党性修养也具有较强的层次性，不同层级的干部，其党性修养的重点又有所不同。高级领导干部的党性修养更加侧重于对党忠诚，一般领导干部的党性修养侧重于理论素养和科学决策能力，普通党员干部的党性修养侧重于抓落实能力。党性修养具有明显的实践性，党性修养绝不是空洞的理论，而是具体的行动，要用行动来体现党性修养。同时，党性修养也不会凭空产生，而要在政治历练、实践锻炼中增强。总体来说，党性修养主要包括以下几个方面：

一是马克思主义理论修养。马克思主义是我们党的指导思想。中国共产党能够从石库门到天安门、从兴业路到复兴路、从小小红船到巍巍巨轮，带领中国人民迎来了从站起来到富起来再到强起来的伟大飞跃，靠的就是马克思主义这一科学理论的指导。我们党历来高度重视理论学习，坚持思想建党、理论强党。广大党员只有加强理论学习，读原著、学原文、悟原理，才能不断提高马克思主义理论修养，做到组织上入党、思想上更入党，善于用马克思主义的立场、观点、方法分析问题和解决问题，善于用马克思主义中国化的最新理论成果武装头脑、指导实践。

二是党员意识。党员意识要求党员要始终牢记自己的第一身份是共产党员，第一职责是为党工作，要有组织观念，牢记入党誓词，自觉做到思想上认同组织、政治上依靠组织、工作上服从组织、情感上信赖组织。

三是坚定的理想信念。革命理想高于天。理想信念是共产党人精神上的“钙”，没有理想信念，理想信念不坚定，精神上就会缺“钙”，就会得“软骨病”。对马克思主义的信仰，对社会主义和共产主义的信念，是共产党人的政治灵魂，是共产党人经受任何考验的精神支柱。“头可断，肢可折，革命精神不可灭。壮士头颅为党落，好汉身躯为群裂。”这是周文雍烈士不幸被捕后，在监狱墙上写下的《绝笔诗》。“坚持革命继吾志，誓将真理传人寰！”这是夏明翰烈士在狱中写给妻子的家书。“死到阴间不反水，保护共产党万万年！”这是江善忠烈士英勇牺牲时的血书……这些气冲霄汉的豪迈誓言，正是中国共产党人在百年历程中铸就的坚定理想信念的生动写照。

四是宗旨意识。全心全意为人民服务是共产党的根本宗旨。中国共产党的初心和使命就是为中国人民谋幸福，为中华民族谋复兴。党的百年历史就是一部践行党的初心使命的历史，就是一部党与人民心连心、同呼吸、共命运的历史。借宿汝城徐解秀家中的 3 个女红军，把自己仅有的一床被子剪下半条留给徐解秀，让其惦记了她们一辈子；“当代愚公”黄大发，用双手在绝壁上凿出 9400 米的“生命渠”，解决了当地老百姓用水的历史难题，演绎了“当代愚公”的神话；抗疫英雄张定宇，自己身患渐冻症却坚持在抗疫一线，只为从病毒手中抢回更多生命。始终同人民风雨同舟、血脉相连、生死与共是中国共产党战胜一切困难挑战的根本保证。

2. 提高能力素质

绳短难以汲深井，浅水不能负大舟。中国共产党在实现中华民族伟大复兴的征程中，面临各种风险考验，必须要有一大批能力过硬的党员队伍。无论是干事创业还是攻坚克难，不仅需要宽肩膀，也需要铁肩膀；不仅需要政治过硬，也需要本领高强。习近平总书记在 2020 年秋季学期中央党校（国家行政学院）中青年干部培训班开班式上发表重要讲话强调，面对复杂形势和艰巨任务，我们要在危机中育先机、于变局中开新局，干部特别是年轻干部要提高政治能力、调查研究能力、科学决策能力、改革攻坚能力、应急处突能力、群众工作能力、抓落实能力，勇于直面问题，想干事、能干事、干成事，不断解决问题、破解难题。

一是提高政治能力。政治上的主动是最有利的主动。必须提高政治判断力，以国家政治安全为大、以人民为本，坚持和发展中国特色社会主义，不断增强科学把握形势变化、精准识别现象本质、清醒明辨行为是非、有效抵御风险挑战的能力；必须提高政治领悟力，深入学习领会、扎实贯彻落实党中央精神，对“国之大者”了然于胸，始终同以习近平同志为核心的党中央保持高度一致；必须提高政治执行力，切实做到“三个坚决”，增强底线思维，坚持问题导向，敢于直面问题，敢于承担责任。

二是提高调查研究能力。没有调查就没有

发言权，调查研究是谋事之基、成事之道。毛泽东同志高度重视调查研究。1927 年毛泽东同志回湖南考察农民运动，通过一个月的深入调查，撰写了《湖南农民运动考察报告》，驳斥了党内外怀疑和指责农民运动的论调，总结了湖南农民运动的丰富经验，提出了解决中国民主革命的中心问题——农民问题的理论和政策。做好调查研究，必须要深入基层、深入实际，切忌走马观花、蜻蜓点水。

三是提高科学决策能力。科学决策是科学执政、合理行政的基础，是执政兴国的重要方式和方法，也是新时代对领导干部特别是年轻领导干部提出的重要要求。科学决策必须要有战略思维，要看得远、想得深，树立大局意识和全局观念，增强工作的预见性和创造性。要坚持民主决策，广泛征求各方意见，综合评判，科学取舍，同时要避免议而不决，关键时刻要当机立断，果断决策。要坚持依法决策，树立法治意识和法治观念，履行法定程序，建设法治国家。

四是提高改革攻坚能力。踏平坎坷成大道，越是艰险越向前。当前我国改革进入攻坚期和深水区，能否坚定信心、凝聚力量、攻坚克难，确保各项改革举措落地生根，直接决定着改革成败。提高改革攻坚能力要有担当精神，敢于啃最硬的骨头，接最烫手的山芋，要坚持问题导向，有的放矢，跟着问题走、奔着问题去，准确识变、科学应变、主动求变，在把握规律的基础上实现变革创新。

五是提高应急处突能力。应急处突，并非小概率事件，从全局和长期来看，突发事件损失重、影响大。我国各类事故隐患和安全风险交织叠加、易发多发，影响公共安全的因素较多。如果不能有效防范化解重大风险，不能及时有效应对各类重大突发公共事件，就可能影响社会稳定，进一步引发社会安全乃至国家安全问题。提高应急处突能力，要提高主动预判能力，善于发现苗头性问题，将风险和隐患消解在萌芽状态。要提高掌控化解能力，在突发事件发生后能够快速反应，高效处置，灵活应对。要提高复盘完善能力，深刻查找工作和体制机制上的漏洞，不讳言责任，不掩饰过失，建立健全预防应对机制。

六是提高群众工作能力。要思想上尊重群众、工作上依靠群众、情感上贴近群众，与群众成为工作上的好伙伴、情感上的好知音、生活中的好朋友。要多听群众意见、多问民间疾苦、多跑大街小巷、多走田间地头，用脚步丈量每一寸土地、用眼睛观察每一个细节、用耳朵倾听每一种声音、用心灵感受每一处温暖。要把为民服务落实到行动上，从最困难的群体着眼、从最突出的短板抓起、从最现实的问题出发，着力解决床位、学位、车位、厕位等人民群众急难愁盼的问题，真正把好事办好、把实事办实，用自己的辛苦指数换取百姓的幸福指数。

七是提高抓落实能力。千招万招不抓落实就是虚招，千条万条不抓落实就是白条。要有真抓的实劲。空谈误国，实干兴邦。喊破嗓子不如甩开膀子。抓落实要力戒花拳绣腿、表面文章。要有敢抓的狠劲。要敢于涉险滩，在困难挑战面前敢于迎难而上，在风险矛盾面前敢于挺身而出，在歪风邪气面前敢于坚决斗争。要有善抓的巧劲。既要想干愿干积极干，又要能干会干善于干，要善于发现规律、总结经验，学会“弹钢琴”的工作方法，要善于抓住主要矛盾和矛盾的主要方面。要有常抓的韧劲。坚持一张蓝图绘到底，一事接着一事干，一茬接着一茬抓，多做重基层、打基础、立长远、为民生的好事实事，坚持横向到边、纵向到底，一抓到底，不留空白、不设盲区、不造烂尾，做到久久为功、善作善成。

3. 提高道德情操

百行德为首，百业德为先。中华民族是一个有着悠久尚德传统的民族，历来讲究“道德当身，不以物惑”，历来对缺失道德者持不齿的态度。共产党员是人民群众中的先进分子，在道德上应当标准更高、要求更严。毛泽东同志高度重视党员的道德修养，要求全党同志做“一个高尚的人，一个纯粹的人，一个有道德的人，一个脱离了低级趣味的人，一个有益于人民的人”。在一百年的奋斗历程中，中国共产党人明大德、守公德、严私德，引领着社会道德建设的风向标。

一是艰苦奋斗。艰苦奋斗是中国共产党与生俱来的政治本色。中国共产党诞生于内忧外患、民族危难之时，遭受国内外敌对势力的镇压，中共一大都是在秘密状态下召开的。在长征期间，红军战士们前有拦截、后有追兵，爬雪山、过草地，天寒地冻，缺衣少粮，以野菜充饥，却始终保持着高昂的革命意志和斗争精神，走完了两万五千里长征，树立了艰苦奋斗的丰碑。“苦不苦，想想长征二万五；累不累，想想革命老前辈”，长征精神成为教育下一代的重要素材。1938 年，毛泽东同志来到陕北公学参加第二期开学典礼。当时，学校生活条件极其艰苦。为了战胜困难，学员入校第一课就是挖窑洞，以解决栖身之所。学员们平时上课就在操场上，顶寒风、冒酷暑。背包都是一物两用：晚上是被子、白天当坐凳。毛泽东同志对这些来到延安“自甘吃苦”的学员豪迈地说，共产党也有他的作风，就是艰苦奋斗！依靠艰苦奋斗，中国共产党披荆斩棘，走过了千山万水。

二是爱岗敬业。共和国宏伟大厦是由一个个行业、一个个岗位的“砖瓦”筑就的。立足平凡岗位、人人争先创优，“百职如是，各举其业”，方能众志成城、集聚众力。爱岗敬业是对每一位劳动者的要求，共产党员更应身体力行，做好表率。“七一勋章”获得者、全国道德模范艾爱国，从19岁开始，一直在焊工岗位并一生秉持“做事情要做到极致，做工人要做到最好”的信念，精益求精，追求卓越，攻克了上百项技术难题，如今仍然奋战在湘钢生产科研第一线。他说得最多的一句话就是：“我要用一辈子，当一个好工人。”全国劳模、“最美职工”潘从明能从铜镍冶炼的废渣中提取8种以上稀贵金属，只看溶液颜色便能精确判断产品纯度。他获得国家科技进步奖的背后，是数十年如一日“找难题、啃难点、攻难关”，呕心沥血地工作。

三是无私奉献。共产党人的政治本色中，最深沉的“色调”就是无私奉献，从来只讲党的利益、国家的利益、人民的利益，却不计较个人得失。《共产党宣言》指出，共产党人没有任何同整个无产阶级的利益不同的利益。

毛泽东同志也曾说，共产党员是一种特别的人，他们完全不谋私利，而只为民族与人民求福利。当意大利众议长向习近平总书记提出“您当选中国国家主席的时候，是一种什么样的心情?”的问题时，习近平总书记以“我将无我，不负人民”做了铿锵有力的回答，充分体现了一个大国领袖高尚的思想境界和超凡脱俗的伟人担当。最美扶贫干部黄文秀，研究生毕业后本可以选择留在大城市享受优越的工作和生活条件，但她却义无反顾地回到自己的家乡，来到最艰苦的贫困山区，做一名扶贫干部，帮助 100 多户贫困家庭成功脱贫，而自己却不幸殉职，把最美好的生命永远定格在了扶贫路上。据统计，全国有 1800 多名同志牺牲在脱贫攻坚斗争中，他们生动诠释了共产党人无私奉献的高尚情操。

四是廉洁自律。廉洁自律是共产党人的政治本色，也是共产党的优良传统。“三大纪律，八项注意”中就规定不拿群众一针一线。作为党的第一代领导集体重要成员的任弼时就是廉洁奉公的典范。他一生有“三怕”：一怕工作少，二怕麻烦人，三怕用钱多。新中国成立后，任弼时在 20 世纪 30 年代所用的一条毯子还在用着，这是组织上发给他的战利品。他爱人陈琮英用自己的毛围巾为他改织的毛衣，他穿了 10 多年，早就破烂不堪，却照样穿着。任弼时对自己严格要求，对亲属的要求也很严格。他从未利用手中的权力为子女和亲属谋取半点私利，也不允许他们搞特殊。这种廉洁奉公的精神感染了一代又一代共产党人。做到廉洁自律就是要做到有功劳时不伸手、有苦劳时不计较、有疲劳时不抱怨，干干净净做事，清清白白做人。

第二章

自我革命精神是中国共产党成功的奥秘

在百年非凡历程中，中国共产党之所以能够攻无不克战无不胜，创造彪炳史册的人间奇迹，始终保持蓬勃生机和旺盛生命力，其奥秘就在于勇于自我革命。百年来，中国共产党坚持真理修正错误，勇于批评和自我批评，在清除毒瘤毒素中确保不变质不变色不变味，在学习教育中保持先进性和纯洁性，在不断自我革命中从一个胜利走向另一个胜利，书写了中华民族历史上最恢宏的史诗。

一、在坚持真理修正错误中保持正确方向

“任何政党，任何个人，错误总是难免的，

我们要求犯得少一点。犯了错误则要求改正，改正得越迅速，越彻底，越好。”① 中国共产党的伟大不在于不犯错误，而在于从不讳疾忌医。中国共产党在百年征程中也曾出现过偏差，犯过错误，但难能可贵的是，中国共产党敢于直面问题，坚持理论联系实际，勇于坚持真理、修正错误，在一次次改正错误中使党始终保持了正确方向，成功开辟了新的未来。

1. 八七会议纠正右倾机会主义错误，开启了土地革命战争时期

1924 年 1 月，在共产国际的积极推动下，国民党一大召开，事实上确立了联俄、联共、扶助农工的政策，标志着第一次国共合作正式形成。之后，国共两党建立国民革命统一战线，开展了轰轰烈烈的大革命。但是，孙

① 毛泽东. 毛泽东选集：第 4 卷［M］. 2 版. 北京：人民出版社，1991：1480.

中山去世后，国民党内的右派逐渐占据主导地位，他们忌惮国民党内共产党力量的壮大，开始向共产党发动进攻。1927 年 4 月初，蒋介石在上海约集国民党将领李宗仁、白崇禧、黄绍竑、李济深和国民党中央监察委员张静江、吴稚晖、李石曾等 10 余人举行反共秘密会议，诬蔑共产党要打倒国民党，打倒三民主义，主张立即以暴力手段“清党”。4 月 12 日凌晨，上海大批青帮武装分子冒充工人，从租界冲出，向分驻上海总工会等处的工人纠察队发动突然袭击。国民革命军第二十六军借调解之名，收缴工人纠察队武装。一部分纠察队员虽然进行了英勇抵抗，但寡不敌众。在此前一日，上海总工会委员长汪寿华已被诱骗杀害。事变发生后，上海工人及各界群众发动总罢工和游行示威，表示强烈抗议，却遭到国民党反动派的疯狂搜捕和血腥屠杀。“到 4 月 15 日，上海工人 300 多人被杀，

500多人被捕，5000多人失踪。”[①] 上海发生了震惊中外的四一二反革命政变。

上海发生反革命政变前后，四川、江苏、浙江、安徽、福建、广西、广东等省也都出现了国民党反动派对共产党人和革命人士的疯狂屠杀事件。其间，大量优秀共产党员和革命群众被捕、被杀害。如党的主要创始人和领导人之一李大钊，党员萧楚女、陈延年、赵世炎等。7月15日，汪精卫等控制的武汉国民党中央召开“分共”会议，决定同共产党决裂，随后，对共产党员和革命群众进行大逮捕、大屠杀。至此，国共合作全面破裂，大革命宣告失败。

大革命的失败，使中国革命遭受重大损失。据不完全统计，从1927年3月至1928年上半年，被杀害的共产党员和革命群众达31万多

① 中共中央党史研究室. 中国共产党历史：第1卷（1921—1949）：上册［M］. 北京：中共党史出版社，2002：205.

人。大革命失败的一个重要原因是中国共产党尚处于幼年时期，对中国国情缺乏深刻认识，对革命缺乏足够的理论准备和实践经验，对中国革命中的很多问题还没有完全弄清楚。面对伪装的各种敌人，中国共产党还不善于识别和对待，也不善于识别和正确对待以各种面目出现的同盟者。如同后来毛泽东同志指出的："这时的党终究还是幼年的党，是在统一战线、武装斗争和党的建设三个基本问题上都没有经验的党，是对于中国的历史状况和社会状况、中国革命的特点、中国革命的规律都懂得不多的党，是对于马克思列宁主义的理论和中国革命的实践还没有完整的、统一的了解的党。"① 对于将马克思主义与中国革命实际相结合，中国共产党还没有形成正确认识，更不可能真正实现马克思主义与中国革命实际的结合。

---

① 毛泽东. 毛泽东选集：第2卷［M］. 2版. 北京：人民出版社，1991：610.

为了总结大革命失败的教训，1927 年 8 月 7 日，中共中央在湖北汉口召开紧急会议。会议着重批评了大革命后期以陈独秀为首的中央所犯的右倾机会主义错误及其他错误，这些错误主要包括：“（一）中央在同国民党的关系问题上，完全放弃共产党独立的政治立场，实行妥协退让政策；（二）在革命武装问题上，中央始终没有想着武装工农的必要，没有想着造成真正革命的工农军队，甚至主动下令解散工人纠察队；（三）中央没有积极支持和领导农民革命运动，而受国民党领袖恐吓犹豫的影响，不能提出革命的行动政纲来解决土地问题；（四）中央不受群众的监督，党内缺乏民主生活。”①八七会议一方面批评了以陈独秀为首的中央所犯的右倾机会主义错误；另一方面确立了实行土地革命和武装起义的方针。会议明确指出，

① 中共中央党史研究室．中国共产党历史：第 1 卷（1921—1949）：上册［M］．北京：中共党史出版社，2002：237.

党的现时最主要的任务是有系统地、有计划地、尽可能地在广大区域内准备农民的总暴动。并强调工人运动和农民武装暴动必须互相结合。会议通过了《党的组织问题议决案》，提出现时党在组织问题上的主要任务，就是造成坚固的能奋斗的秘密机关，各级党组织要加强党的秘密工作；同时注意利用一切公开的可能，以扩大党的影响。

八七会议是党在遭遇严重挫折，付出惨痛牺牲后召开的一次会议。它结束了右倾机会主义在中央的统治。会议制定的正确方针，使全党没有在极其严重的白色恐怖下惊慌失措，而是重新鼓起斗争的勇气，继续投入革命的战场。它为挽救党和革命作出了重大贡献，是中国共产党人在认识上的重大进步。从此，新民主主义革命开始了由大革命失败到土地革命战争兴起的历史性转变。八七会议的召开表明，即使是幼年时期的中国共产党，也是一个坚持真理，敢于承认错误、修正错误的政党，它从对失败教训的总结吸收中开辟了新的未来。

2. 遵义会议纠正“左”倾错误，开启了党独立自主解决中国革命问题的新时期

土地革命战争时期，党领导的红军和根据地的发展，让国民党统治集团感到十分震惊。从 1930 年 10 月开始，蒋介石调集重兵对中央革命根据地先后发动五次“围剿”。前四次反“围剿”，我们取得了胜利。但是，因军事指挥失当等原因，第五次反“围剿”失败了。当时，虽然蒋介石对第五次“围剿”做了多方准备，但是，当时中央革命根据地的红军主力有 8 万多人，地方红军和赤卫队等群众武装也较之前有发展。如果红军能够采取正确的方针政策，打破这次“围剿”仍然是有可能的。但实际情况是，这时毛泽东同志已经离开红军的领导岗位，第五次反“围剿”斗争由临时中央直接领

导。在蒋介石大力准备第五次“围剿”之时，1933年6月，临时中央提出了红一方面军主力分离作战的方针，即一部分组成中央军，在抚河、赣江之间作战，一部分组成东方军，入闽作战。这种作战方针既分散了兵力，又使部队十分疲劳，陷于被动。9月底，共产国际军事顾问李德从上海来到瑞金，支援中国革命。李德虽然是一个革命者，来中国是为了帮助中国人民的伟大革命事业，但他毕竟是一个外国人，对中国情况不了解，只能照搬苏联红军的经验来指导中国革命，临时中央的主要领导人博古对李德又十分信赖和支持。这就导致在实际作战中，他们放弃了前几次反“围剿”中行之有效的积极防御方针，而实行军事冒险主义的方针，主张“御敌于国门之外”，即要求红军在根据地以外战胜敌人。在受挫后，临时中央领导人又由军事冒险主义改为军事保守主义，采取消极防御的战略方针和“短促突击”的战术，强令装备很差的红军同用新式武器装备起来的国民党军队打阵地战、堡垒战，使红军陷入十分艰难的境地，根据地节节失守，第五次反“围剿”失败。为了保存革命力量，1934 年 10 月，中共中央、中革军委率中央红军主力踏上战略转移的漫漫征程，开始长征。长征初期，临时中央领导人又犯了退却中的逃跑主义错误，至湘江战役结束后，中央红军由长征出发时的 8.6 万多人锐减至 3 万多人，红军几乎濒临绝境。

为了总结第五次反“围剿”失败以来的教训，扭转革命形势，1935 年 1 月，党中央在贵州遵义召开政治局扩大会议。出席会议的政治局委员有毛泽东、张闻天、周恩来、朱德、陈云、博古，候补委员有王稼祥、刘少奇、邓发、何克全，还有红军总部和各军团负责人刘伯承、李富春等人。会上，博古作了关于第五次反“围剿”的总结报告。周恩来就军事问题作副报告。他指出第五次反“围剿”失败的主要原因是军事领导上的战略战术错误，并主动承担了责任，作了诚恳的自我批评，同时也批评了博古和李德。张闻天作了反对“左”倾军事错误的报告，比较系统地批评了博古、李德在军事指挥上的错误。毛泽东作了长篇发言，对博古、李德在军事指挥上的错误作了切中要害的分析和批评，并阐述了中国革命战争的战略战术问题和此后在军事上应该采取的方针。会议委托张闻天起草《中央关于反对敌人五次“围剿”的总结的决议》。决议充分肯定了毛泽东等指挥红军多次取得反“围剿”胜利所采取的战略战术的基本原则，明确指出博古、李德“在军事上的单纯防御路线，是我们不能粉碎敌人五次‘围剿’的主要原因”。会议根据变化了的情况，决定红军渡过长江，在成都之西南或西北地区建立根据地。会后，又根据新的形势，决定中央红军在川滇黔三省广大地区创造新的根据地。会议还改组了中央领导机构，选举毛泽东为中央政治局常委，取消在长征前成立的“三人团”，仍由最高军事首长朱德、周恩来为军事指挥者。

“遵义会议的鲜明特点是坚持真理、修正错误。”① 遵义会议根据实事求是的原则，在批评与自我批评的基础上，“结束了‘左’倾教条主义错误在中央的统治，确立了毛泽东在中共中央和红军的领导地位”②。值得指出的是，这些成果是在党同共产国际失去联系的情况下独立自主取得的。它表明党对理论与实践相结合的马克思主义原则有了深入认识，体现了党内以毛泽东同志为代表的正确领导力量能够从实际出发思考和处理中国革命的问题，是党不断成熟的标志。会议挽救了党，挽救了红军，挽

① 本书编写组. 中国共产党简史［M］. 北京：人民出版社、中共党史出版社，2021：60.

② 中共中央党史研究室. 中国共产党历史：第 1 卷（1921—1949）：上册［M］. 北京：中共党史出版社，2002：388.

救了革命，是党的历史上一个生死攸关的转折点。面对错误，中国共产党勇于承认，从纠正错误中开辟了新的未来，使中国革命转危为安。

3. 党的十一届三中全会纠正反右派斗争扩大化以来的错误，开启了改革开放和社会主义现代化建设新时期

在中国共产党的领导下，经过全党和全国各族人民的共同努力，1949年，中华人民共和国成立。之后，随着新生人民政权的巩固、国民经济的恢复和发展、三大改造等重大战略和工作的完成，1956年，我国社会主义制度建立起来，新中国进入全面建设社会主义时期。在社会主义建设过程中，中国共产党自力更生、发愤图强，“实现了中华民族有史以来最为广泛而深刻的社会变革，实现了一穷二白、人口众多的东方大国大步迈进社会主义社会的伟大飞

跃”[①]，取得了独创性的理论成果和巨大成就，为在新的历史时期开创中国特色社会主义提供了宝贵经验、理论准备、物质基础。但是，由于社会主义事业是一项艰巨复杂的事业，加上严峻复杂的外部环境的影响，在社会主义建设过程中，出现了“大跃进”运动、人民公社化运动、“文化大革命”等偏差和错误，使党、国家、人民遭受了严重的挫折和损失。

“文化大革命”结束后，现代化建设的问题更为突出地摆在了全党全国人民的面前。要实现工作中心的转移，必须首先破除思想禁锢。1978 年 5 月 10 日，中央党校内部刊物《理论动态》刊发《实践是检验真理的唯一标准》一文，由此在全国范围内掀起了一场关于真理标准问题的大讨论，以不可阻挡之势突破了“两个凡是”的束缚，使人们摆脱了思想上的束缚。

---

① 中共中央关于党的百年奋斗重大成就和历史经验的决议[M]. 北京：人民出版社，2021：14.

1978年11月10日，中央工作会议在北京召开。会议原来确定的议题主要是讨论经济工作，但在讨论中，有人提出要为新中国历史上的一些冤假错案平反。在东北组发言时，陈云提出了解决历史遗留问题的意见。他说，实现四个现代化是全党和全国人民的迫切愿望，安定团结也是全党和全国人民关心的事。为了保证安定团结，对有些遗留的问题，影响大或者涉及面很广的问题，是需要由中央考虑和作出决定的。陈云的发言得到与会同志的热烈响应，会议讨论的重点集中到平反冤假错案的问题上来。12月13日，会议举行闭幕会。叶剑英在会上指出，我们要破除封建主义所造成的种种迷信，从禁锢中把我们的思想解放出来。邓小平同志作了题为《解放思想，实事求是，团结一致向前看》的重要讲话。他在讲话中指出："首先是解放思想。只有思想解放了，我们才能正确地以马列主义、毛泽东思想为指导，解决过去遗留的问题，解决新出现的一系列问题。”[①] “一个党，一个国家，一个民族，如果一切从本本出发，思想僵化，迷信盛行，那它就不能前进，它的生机就停止了，就要亡党亡国。”[②] 邓小平同志的讲话，是对真理标准的再次阐述，讲清楚了理论与实践的关系，是中国共产党在实事求是分析评价过去错误的基础上得出的结论，实际上成为随后召开的党的十一届三中全会的主题报告。可以说，1978 年的中央工作会议是一次为全面拨乱反正和开创新局面做准备的会议。

1978 年 12 月，党的十一届三中全会在北京召开。全会冲破长期“左”的错误的严重束缚，彻底否定了“两个凡是”的错误方针，充分肯定了必须完整、准确地掌握毛泽东思想的科学

① 邓小平. 邓小平文选：第 2 卷［M］. 2 版. 北京：人民出版社，1994：141.

② 邓小平. 邓小平文选：第 2 卷［M］. 2 版. 北京：人民出版社，1994：143.

体系，高度评价了关于真理标准问题的讨论，重新确立了党的实事求是的思想路线，果断停止了“以阶级斗争为纲”的口号，作出了把党和国家的工作重点转移到社会主义现代化建设上来、实行改革开放的历史性决策。

党的十一届三中全会是在“文化大革命”结束后中国命运处于关键转折点召开的。在以邓小平同志为核心的党中央领导下，中国共产党人坚持真理，坚持从实际出发，实事求是地总结了新中国成立以来党的历史上的教训，分清了是非，纠正了错误，统一了思想，团结了全党。党的十一届三中全会开启了改革开放和社会主义现代化建设新时期。

二、在批评和自我批评中保持肌体健康

列宁曾说，自我批评对于任何一个富有活

力、朝气蓬勃的政党来说都是绝对必要的。毛泽东同志也曾说，党内批评是坚强党的组织、增强党的战斗力的武器。习近平总书记则说，批评和自我批评是一剂良药，是对同志、对自己的真正爱护。党的十八届六中全会通过的《关于新形势下党内政治生活的若干准则》要求：必须坚持不懈把批评和自我批评这个武器用好。在百年党史中，以古田会议、延安整风运动、七千人大会等为代表，中国共产党凭借批评和自我批评的锐利武器，保持了自身肌体的健康，推动了党领导的事业的发展。

1. 古田会议奠定了批评和自我批评的基础

1929 年 12 月，红四军党的第九次代表大会在福建省上杭县古田召开，史称“古田会议”。会议通过了毛泽东同志起草的古田会议决议，确立了思想建党、政治建军的原则，是党和人民军队史上的重要里程碑。古田会议处处闪耀着批评和自我批评的光芒。

首先，周恩来等人的批评和自我批评为古田会议的召开奠定了基础。1927 年大革命失败后，中国共产党从城市转移到农村。受党内错误路线的影响，加上从这个时期开始，中国共产党主要处在农村的环境中，因此，吸收的新的党员和军队战士主要来自农民和小资产阶级。但当时，无论是农民阶级还是小资产阶级，在思想意识上都有一定的局限性。这就使得由朱德任军长、毛泽东任前委书记的红四军党内存在着一些非无产阶级思想，如单纯军事观点、极端民主化、非组织观点、个人主义、流寇思想等。1929 年 6 月，红四军党的第七次代表大会在福建龙岩召开。毛泽东打算通过总结建军以来的经验，解决争论的问题。但他的正确主张未能被多数同志所认识和接受。大会在中央并未指示改组前委的情况下，改选了前委。中央指定的前委书记毛泽东没有继续当选。这一职务改由陈毅担任。这次大会没有正确解决红四军存在的主要问题，后果是不好的。会后，毛泽东离开红四军的主要领导岗位，到闽西协助指导地方工作。陈毅前往上海代表红四军向中央汇报工作。此时，周恩来才发现，中央对于红四军的情况并不是很了解，他对陈毅说，说实在的，在你来中央汇报之前，中央对四军的了解不够，因此发出了像“二月来信”一样的不正确指示，现在起，我们要根据你们四军的实际情况，坚决改变原来不正确的路线政策。周恩来实际上是代表中央对过去指导红四军的工作进行自我批评。随后，中共中央于1929年9月发出了给红四军前委的指示信（即九月来信），一方面肯定了红四军好的经验，要求毛泽东和朱德继续留在红四军前委，另一方面也批评了红四军前委过去忽略了所到地区群众的日常斗争，以及红军中的右倾思想，如取消观念、分家观念、离队观念与小团体倾向等，为古田会议指明了方向。

其次，毛泽东、朱德、陈毅等人的自我批评为古田会议的召开扫除了障碍。为了促成古田会议的顺利召开，陈毅回到红四军后，首先找了朱德，跟朱德提道，中央认为红四军第七次代表大会有错误，错误在他，但也跟朱德有关系。谈话中，朱德也承认了自己的错误，认为自己思想上还不完全成熟。朱德担心没办法把毛泽东请回来，陈毅则主动说，毛泽东的工作我去做，我可以先作自我批评，向他作检讨。当初是我气走人家的，现在又叫人家回来，当然不是谁都愿意做的事。但为了革命的需要，我们应该都以大局为重，抛弃个人之间的恩恩怨怨。不久后，毛泽东回到前委，陈毅再次诚恳地作了自我批评。毛泽东也承认了自己的错误，说前一段时间身体不好，情绪欠佳，说了一些伤感情的话，请朱德、陈毅多多包涵。正是在几个人深入自我批评的情况下，红四军内的矛盾得到有效化解，古田会议召开的条件已经具备。

再次，古田会议奠定了开展批评和自我批评的原则。1929 年 12 月召开的古田会议通过了毛泽东同志起草的古田会议决议。决议集中体现了着重从思想上建党这一独特的党的建设道路，深刻阐述了加强党的思想建设的极端重要性，指明了党内各种非无产阶级思想的表现、来源及纠正办法，还提出了加强党的组织建设的任务。关于自我批评，毛泽东同志指出："党内批评要防止主观武断和把批评庸俗化，说话要有证据，批评要注意政治。"① 要坚持实事求是，有什么问题就摆什么问题，对别人的批评要建立在客观事实的基础上，而不是以主观臆断和推测为依据。在毛泽东同志看来，尊重客观事实，实事求是，是开展好批评与自我批评

① 毛泽东. 毛泽东选集：第 1 卷 [M]. 2 版. 北京：人民出版社，1991：92.

应当遵循的重要原则。同时，毛泽东同志还指出，许多党员不在党内批评而在党外去批评是错误的。有些同志在批评的时候，不注意大的方面，只注意小的方面，“他们不明白批评的主要任务，是指出政治上的错误和组织上的错误。至于个人缺点，如果不是与政治的和组织的错误有联系，则不必多所指摘，使同志们无所措手足”①。这就为全党提供了批评和自我批评的基本原则，为党指明了前进的方向。古田会议确立了党对军队的绝对领导，奠定了党批评和自我批评作风的基础。

2. 延安整风运动集中体现了批评和自我批评的优良作风

遵义会议后，中国共产党实行了一系列正确的方针，党的工作成效明显。但是，党内也

① 毛泽东. 毛泽东选集：第 1 卷［M］. 2 版. 北京：人民出版社，1991：91-92.

还存在一些突出的问题亟待解决。如虽然从军事上、政治上纠正了以教条主义为特征的王明“左”倾错误，但是，还没有从思想上彻底地清算这种错误。1938年党的六届六中全会后，虽然党的理论建设和思想政治建设都出现了新的面貌，但是，这时党内的主观主义，特别是教条主义还在一定程度上存在。例如，1940年3月，王明在延安再版了他的《为中共更加布尔什维克化而斗争》，为他过去的“左”倾错误作辩护。对于当时的中国共产党而言，要看到的是，不仅王明“左”倾错误的思想根源没有得到应有的清算，而且他在抗战初期的右倾错误在党内也还有一定影响。这种影响，使部分地区在处理与国民党关系的时候没能坚持独立自主的原则，因而使党的事业受到了不应有的损失。

为了壮大队伍，抗日战争时期，中国共产党号召知识分子支援边区斗争。在中国共产党的感召下，大批知识分子饱含报国热情纷纷从全国各地甚至海外奔赴延安，投身革命。抗战初期，中国共产党增加了70余万名新党员。这些新党员的革命积极性很高，但他们绝大多数出身于农民和小资产阶级，因此在思想意识上具有一定的局限性，很容易受到一些错误思想和作风的影响。若任其发展、蔓延，将严重影响党及其领导的革命事业的发展。从这个角度而言，统一思想意识很有必要。

基于当时党内的情况，从1942年春起，全党开始普遍开展整风运动，其内容是反对主观主义、宗派主义、党八股，以树立马克思主义的作风。整风的方法步骤是："认真阅读文件，联系个人思想和工作，自我反省，开展批评与自我批评，提高认识，总结经验，逐步取得思想认识的一致，增强党性，改进工作。"① 运动

---

① 中共中央党史研究室．中国共产党历史：第1卷（1921—1949）：下册［M］．北京：中共党史出版社，2002：619.

中，毛泽东同志提出了“团结—批评—团结”的正确的开展党内斗争的形式。从团结的愿望出发，经过批评和自我批评，达到更大程度的团结。运动开展过程中，批评和自我批评贯穿始终。

一是实事求是承认错误。1942 年，毛泽东同志在延安先后作《整顿党的作风》和《反对党八股》的演讲。在《整顿党的作风》中，毛泽东同志指出：“那末，究竟我们的党还有什么问题没有呢？我讲，还是有问题的，而且就某种意义上讲，问题还相当严重。”① 为了使党员进行批评和自我批评时有科学的理论指导，有正确的标准对照和参考，整风运动期间，毛泽东同志还亲自审定了必读的二十二个文件。

二是领导干部带头开展自我批评。在全党普遍整风运动期间，中共中央各部委和延安的

---

① 毛泽东. 毛泽东选集：第 3 卷［M］. 2 版. 北京：人民出版社，1991：811.

一些机关、学校开展了审查干部工作。这在当时有一定的必要性，但是，在审干过程中出现了以“抢救运动”为代表的反特斗争严重扩大化的错误。毛泽东同志不仅承认了审干过程中的错误，而且还主动承担了责任，并多次进行自我批评。一次，在中央党校礼堂开会时，毛泽东同志说，整个延安犯了这许多错误。谁人负责？我负责。我是负责人嘛！这次大家都“洗了澡”，就是“水热了一点儿”，不少同志被搞错了。凡是被搞错了的，要一律纠正，坚决平反！有的同志被错戴了帽子，这也没得要紧。帽子戴错了，现在我把它给你们摘下来就是了。我们共产党人是革命者，但不是神仙。我们也吃五谷杂粮，也会犯错误。我们的高明之处就在于犯了错误就检讨，就立即改正。今天，我就是特意来向大家检讨错误的，向大家赔个不是，向大家赔个礼。毛泽东同志这样一说，一些受到过错误批判的同志的怨气也就消了，有效维护了党的团结。

三是坚持正确的批评和自我批评。所谓“正确”，一是指批评和自我批评的目的，是通过批评和自我批评，解决党内存在的问题，实现全党的团结统一，推动党领导的事业顺利发展；二是指对不同的错误，以及犯错误的人对错误采取的不同态度，要采用不同的方法，即具体问题具体分析。因为进行批评和自我批评的目的，是解决问题、解决矛盾、分清是非，在新的基础上达到更大程度的团结。延安整风运动中，党坚持“惩前毖后”“治病救人”的方针，既解决了党内在思想上的问题，也推动了革命斗争的发展。

通过延安整风运动，全党达到了思想上的空前团结统一，为新民主主义革命的胜利奠定了良好基础。在1945年党的七大上，理论和实践相结合的作风、和人民群众紧密联系在一起的作风、自我批评的作风，被列为党的三大优良作风。陈云说，我们共产党是一个郑重的党。考察一个坚强的共产党员的标志之一，就是看他对自己的缺点、错误采取什么态度。如果他敢于正视自己的缺点、错误，敢于研究并改正自己的缺点、错误，那他就是一个好的共产党员。党正是凭借批评和自我批评的优良传统和作风，始终保持蓬勃生机和活力。

3. 七千人大会是社会主义革命和建设时期批评和自我批评的典范

1956 年我国社会主义制度建立起来后，广大人民群众在党的领导下，开始了轰轰烈烈的社会主义建设。作为执政党，中国共产党想要迅速改善人民群众生活、提高国家综合国力的愿望十分强烈，值得肯定，但在实践发展中，生产关系超越了生产力的发展水平，经济发展中的问题逐渐呈现出来，经济发展陷入困境。虽然从 1960 年下半年开始，中央便开始着手对各方面进行调整，至1962年，“大跃进”造成的严重困难局面有一定缓和，但是整个国家的经济形势仍然十分严峻。当时党内有些人对困难的严重性估计不足，对调整的必要性缺乏深刻认识；有些人则面对严重困难缺乏信心，怨天尤人。各种负面情绪冲击着经济社会的进一步发展。1962年1月11日至2月7日，党中央在北京召开扩大的中央工作会议，目的是进一步总结1958年“大跃进”以来的经验教训，统一全党认识，增强团结，动员全党更坚决地执行调整方针，为战胜严重困难而奋斗。会议期间，与会人员在毛泽东同志的带领下，作了深刻的批评和自我批评。

首先，会议实事求是地承认了“大跃进”以来经济建设中的缺点和错误。如工农业生产计划指标过高，基本建设战线过长，导致国民经济各部门的比例关系严重失调；在人民公社工作中，曾经混淆集体所有制和全民所有制的界限，急于过渡，违反了按劳分配和等价交换原则，犯了平均主义错误；不适当地要求在全国范围内建立许多完整的工业体系，权力下放过多，助长了分散主义倾向等。会上，刘少奇指出，产生这些缺点错误的一个重要的原因是没有进行充分的调查研究，没有同工人和农民群众、基层干部和技术专家进行充分的协商。对错误实事求是地承认，不讳疾忌医，这是中国共产党人的特点，也是危急关头化险为夷的秘诀。

其次，会议开展了深刻的批评和自我批评。会上，毛泽东同志围绕民主集中制作了讲话。他说，地方各级领导要尽可能地慎重一些，周到一些。如果不是这样，就是一个人称霸。这样的第一书记，应当叫作霸王，不是民主集中制的“班长”。他还指出，我们现在有些第一书记，连封建时代的刘邦都不如，倒有点像项羽。这些同志如果不改，是要垮台的。七千人大会的与会人员主要是中央和省、地、县委四级主要负责人以及部分大厂矿和军队的负责人，毛泽东同志的讲话针砭时弊，批评的是党内某些同志的“称霸”作风，体现的是党勇于自我批评的勇气。会上，毛泽东同志也作了深刻的自我批评，并主动承担了责任。他十分诚恳地说道：“凡是中央犯的错误，直接的归我负责，间接的我也有份，因为我是中央主席。我不是要别人推卸责任，其他一些同志也有责任，但是第一个负责的应当是我。”① 他还说：“我们的省委书记，地委书记，县委书记，直到区委书记，企业党委书记，公社党委书记，既然作了第一书记，对于工作中的缺点错误，就要担起责任。不负责任，怕负责任，不许人讲话，老虎屁股摸不得，凡是采取这种态度的人，十个就有十个要失败。人家总是要讲的，你老虎

① 毛泽东文集：第 8 卷［M］. 北京：人民出版社，1999：296.

屁股真是摸不得吗？偏要摸！”① 正是毛泽东同志在会上对批评和自我批评的倡导、践行，极大地推动了全党的批评和自我批评之风。

批评和自我批评，是马克思主义政党与其他政党相互区别的一个重要标志，也是党历经百年仍然青春盎然的秘诀。《关于新形势下党内政治生活的若干准则》指出：“批评和自我批评是我们党强身治病、保持肌体健康的锐利武器，也是加强和规范党内政治生活的重要手段。”② 无论是对党员还是对党组织的错误，都能站在客观公正的角度予以实事求是的分析、处理，依靠自己的力量解决自身存在的问题，纠正自身的错误，这是党始终保持肌体健康的重要途径。

---

① 毛泽东文集：第 8 卷［M］. 北京：人民出版社，1999：296.

② 关于新形势下党内政治生活的若干准则　中国共产党党内监督条例［M］. 北京：人民出版社，2016：34.

三、在清除毒瘤毒素中确保不变质不变色不变味

党的作风问题关系党的生死存亡。腐败，是古今中外阻碍社会进步的毒瘤。百年党史，中国共产党能够始终保持不变质不变色不变味，一个重要原因就是党敢于刀刃向内，对腐败等危害自身肌体健康的问题毫不姑息；敢以壮士断腕的决心清除危及自身发展的毒瘤毒素。

1. 建党初期建章立制反腐倡廉

中国共产党成立时，党的一大纲领就规定，地方执行委员会的财政、活动和政策，必须受中央执行委员会的监督。党纲还规定，中国共产党彻底断绝与资产阶级的黄色知识分子及与其类似的其他党派的任何联系；党员如果不是

由于法律的迫使和没有得到党的特别允许，不能担任政府的委员和国会议员。1922 年，中共二大召开，制定了党的历史上的第一部真正意义上的党章。首部党章规定，凡党员若不经中央执行委员会之特许，不得为任何资本阶级的国家之政务官。它表明，党从成立伊始，就非常注重用纪律来约束自己，避免腐化堕落。

2. 苏维埃时期对腐败分子严惩不贷

土地革命战争时期，绝大多数党员和政府工作人员勤俭节约、艰苦朴素，形成了清廉务实的风气。但是在少数党员和政府工作人员中也出现了贪污腐败的现象。为保持党员队伍的纯洁，保证苏维埃政权不变质不变色不变味，1931 年 11 月中华苏维埃共和国临时中央政府成立后，在中央苏区掀起了一场“反腐、肃贪、倡廉”的红色风暴。在反腐实践中，谢步升案引起了极大的轰动。

谢步升是中央苏区叶坪村苏维埃政府主席。他出身贫困家庭，后参加工农武装暴动，担任过云集暴动队队长。当时，中央苏区受到白区的包围和封锁，贸易中断，根据地的物资和白区的物资存在差价。谢步升看到了“商机”，于是离开暴动队，做起了物资贸易的生意，从中获得了巨额利润。后来，随着“打土豪、分田地”运动的高涨，谢步升又看到了新的“机遇”，参与到了打土豪、分田地的斗争中。因为他打土豪、分田地的办法多，斗争积极，屡次立功，因此被吸收入党，并被推举担任叶坪村苏维埃政府主席。但在任职期间，谢步升利用自己与中央苏区领导人熟悉的机会，偷盖公章，贩卖物资，且道德败坏，杀害红军干部和军医。经查，谢步升贪污公款，强奸妇女，收受贿赂包庇富农，伪造证件私自贩卖水牛到白区出售，杀害一名红军军医并占有其金戒指和毯子等。案件在查处过程中，有人替谢步升求情。

毛泽东同志严肃地说："与贪污腐化作斗争，是我们共产党人的天职，谁也阻挡不了！"时任中共瑞金县委书记的邓小平同志怒不可遏，拍着桌子说："我们苏维埃政权建立才几个月，有的干部就腐化堕落，贪赃枉法，这叫人民怎样相信我们的党，相信我们的政府？""像谢步升这样的贪污腐化分子不处理，我这个县委书记怎么向人民群众交代？"最终，谢步升被判处死刑，执行枪决。谢步升案的查处，表明了党反腐的坚强决心。

在查处典型案件的同时，中华苏维埃共和国临时中央政府还注重反腐制度建设。1933 年 9 月，通过了《中共中央关于成立中央党务委员会及中央苏区省县监察委员会的决议》，目的是防止党内有违反党章、破坏党纪、不遵守党的决议及官僚腐化等情弊发生。决议指出，在党的中央监察委员会未正式成立以前，特设立中央党务委员会，各省县于最近召集的省县级党代表大会时选举省县级的监察委员，成立各省县监察委员会。根据决议要求，中央党务委员会及省县监察委员会应承担下列职责：维持无产阶级政党的铁的纪律，正确地执行铁的纪律，保证党内思想和行动的一致，监视党章和党决议的实行，检查违反党的总路线的各种不正确的倾向（官僚）主义及腐化现象等，并与之作无情的斗争。后来，中央苏区还出台了一系列反腐败法规，如《工农检察部的组织条例》《工农检察部控告局的组织纲要》《政府工作人员惩办条例》等，对如何加强监察工作，如何反对党内的贪污腐败问题进行了制度规定。如1933年12月，临时中央政府执行委员会发布的《关于惩治贪污浪费行为》的训令规定：贪污公款在五百元以上者，处以死刑。贪污公款在三百元以上五百元以下者，处以两年以上五年以下的监禁。贪污公款在一百元以上三百元以下者，处以半年以上两年以下的监禁。贪污公款在一百元以下者，处以半年以下的强迫劳动。规定十分具体、严格，这是党成立以来制定的第一部完整的关于反贪污反浪费的法律文献，是党的历史上第一份反腐败的量刑标准，它为中央苏区时期开展反腐败斗争提供了法规指导，也为党员领导干部和苏维埃政府工作人员提供了言行标准，为规范权力运行、防止党内腐败现象的产生提供了保障。该时期，通过一系列反腐行动和党内规章制度的出台，清除了党内的毒瘤毒素，党内呈现出清正廉洁的良好风气。1934 年 9 月，《红色中华》刊文称："只有苏维埃是空前的真正的廉洁政府。"

3. 抗战时期注重制度反腐

抗日战争时期，虽然党的中心工作是抗日，但是党仍然注重廉政建设，制定各项规章制度为反腐败提供遵循。

一是边区政府的施政纲领大力倡导反腐倡

廉。1937 年 8 月，党公布了《中国共产党抗日救国十大纲领》，其中第四条“改革政治机构”规定，实行地方自治，铲除贪官污吏，建立廉洁政府。1939 年 4 月，陕甘宁边区公布了抗战时期施政纲领，其中规定，发扬艰苦作风，厉行廉洁政治，肃清贪污腐化，铲除鸦片赌博。1941 年 5 月，又公布了《陕甘宁边区施政纲领》，其中规定，厉行廉洁政治，严惩公务人员之贪污行为，禁止任何公务人员假公济私之行为，共产党员有犯法者从重治罪。纲领同时提出，实行俸以养廉原则，保障一切公务人员及其家属必需的物质生活及充分的文化娱乐生活。这一规定既体现了党中央和边区政府对公务人员的关怀，也体现了希望通过满足公务人员各方面合理需求来避免贪污腐败现象发生的初衷。同时期，其他边区的施政纲领，如中共苏皖区党委的《为坚持江南敌后抗战之政治纲领》、中共中央北方局的《关于晋察冀边区目前施政纲领》、苏中行政公署的《苏中区施政纲领》等，都把厉行廉洁政治、建立廉洁政府、严惩贪污腐化作为重要内容，充分体现了中共中央和中央政府及各边区政府反腐倡廉的毅力和决心。

二是制定各种行为规范和条例，为反腐倡廉提供制度保障。例如，1937 年 8 月，西北办事处作出《关于县政府办公费用的决定》。本着节约的原则，对各类开支标准进行了严格规定，县政府每月办公经费为 30 元，如果是行政专员驻在地，其每月办公经费最多也不得超过 50 元。1938 年 8 月，陕甘宁边区政府公布的惩治贪污暂行条例规定，有下列行为之一者，以贪污论罪：（一）克扣或截留应行发给或缴纳之财物者；（二）买卖公用物品从中舞弊者；（三）盗窃侵吞公有财物者；（四）强占强征或强募财物者；（五）意在图利贩运违禁或漏税物品者；（六）擅移公款作为私人营利者；（七）违法收募税捐者；（八）伪造或虚报收支账目者；

（九）勒索敲诈、收受贿赂者；（十）为私人利益而浪费公有之财物者。哪些属于贪污，哪些不属于贪污，这个条例给出了明确标准。

在党的领导下，抗日民主政府成为中国有史以来最民主、最公正、最廉洁的政府，边区成了全国最进步的地方，吸引了大批爱国青年。毛泽东同志在《论联合政府》中说："利用抗战发国难财，官吏即商人，贪污成风，廉耻扫地，这是国民党区域的特色之一。"① 而共产党不一样，共产党建立的抗日民主政府是中国有史以来最廉洁的政府，"艰苦奋斗，以身作则，工作之外，还要生产，奖励廉洁，禁绝贪污，这是中国解放区的特色之一"②。诚如毛泽东同志所说："陕甘宁边区是全国最进步的地方，这里是民主的抗日根据地。这里一没有贪官污吏，

---

① 毛泽东．毛泽东选集：第3卷［M］．2版．北京：人民出版社，1991：1048.

② 毛泽东．毛泽东选集：第3卷［M］．2版．北京：人民出版社，1991：1048.

二没有土豪劣绅，三没有赌博，四没有娼妓，五没有小老婆，六没有叫化子，七没有结党营私之徒，八没有萎靡不振之气，九没有人吃磨擦饭，十没有人发国难财。”[①] 这是当时中国最廉洁的地方，也是最令人向往的地方。

4. 新中国成立初期实行惩防并举

1949 年中华人民共和国成立，毛泽东、刘少奇等人预见到，在新中国成立后，由于党所处环境和地位的变化，有些党员和领导干部有可能出现思想放松、精神懈怠、作风腐败等现象，这对党是十分不利的。对此，刘少奇曾指出，得了天下，要能守住，不容易。很多人担心，我们未得天下时艰苦奋斗，得天下后可能同国民党一样腐化。他们这种担心有点理由。在中国这个落后的农业国家，一个村长，一个

---

① 毛泽东. 毛泽东选集：第 2 卷 [M]. 2 版. 北京：人民出版社，1991：718.

县委书记，可以称王称霸。胜利后，一定会有些人腐化、官僚化。可见，刘少奇预见到新中国成立以后有可能出现的贪污腐败问题。在为新中国做准备的党的七届二中全会上，毛泽东同志指出："中国的革命是伟大的，但革命以后的路程更长，工作更伟大，更艰苦。这一点现在就必须向党内讲明白，务必使同志们继续地保持谦虚、谨慎、不骄、不躁的作风，务必使同志们继续地保持艰苦奋斗的作风。"① "两个务必"是对全党的提醒和告诫。

新中国成立初期，中共中央采取多种措施预防腐败。1950 年 1 月，中央人民政府人民监察委员会第四次会议召开，会议指出监察机关的主要任务不仅在于消极地制裁，而且主要在于从积极方面推行廉洁的、朴素的、爱护国家资财的、为人民服务的革命工作作风，防止贪

---

① 毛泽东．毛泽东选集：第 4 卷［M］．2 版．北京：人民出版社，1991：1438-1439.

污、浪费、破坏国家资财、脱离人民群众的官僚主义作风的产生。3 月，中共中央在《关于统一国家财政经济工作的通知》中指出，如有共产党员在财政工作中，有虚报人数、贪污腐化、破坏制度等等，则除受到国家法律的严重处罚外，同时还将受到党的纪律的严重制裁。5 月，中共中央又在《关于在全党全国开展整风运动的指示》中要求各级党组织结合总结工作，开展批评与自我批评，克服党内首先是领导干部中的居功自傲情绪、命令主义作风，以及少数人贪污腐化、政治上堕落颓废、违法乱纪等错误，密切党和人民的联系。党采取多种措施预防腐败，表明此时的党意识到了腐败要注重预防的规律。

新中国成立初期，中国共产党一方面为预防腐败采取了多种措施，另一方面对腐败行为严惩不贷。在“三反”运动中，毛泽东同志在七届二中全会上预见的少数意志薄弱者会“在糖衣炮弹面前打败仗”，不幸发生。刘青山和张子善在革命战争时期确实是革命队伍中的优秀分子，为新中国的成立作出了突出贡献。但是，在天津任职期间，他们却利用职权盗用公款，从事倒买倒卖的非法经营活动，腐化堕落。经详细调查取证，并经最高人民法院核准，最终判处刘青山、张子善死刑。在刘、张二人伏法之前，有人向毛泽东同志建议不要枪毙他们。毛泽东同志说，正因为两人的地位高，功劳大，影响大，所以才要下决心处决他们。只有处决他们，才可能挽救20个、2 000个、20 000个犯有各种不同程度错误的干部。此时，以毛泽东同志为代表的党的领导人是从巩固国家政权、维护新中国的角度来思考腐败问题的。为了巩固新生政权，巩固来之不易的江山，必须对腐败严惩不贷。

5. 改革开放和社会主义现代化建设新时期注重从规范党内政治生活和反对特权的角度反腐

党的十一届三中全会作出实行改革开放的历史性决策，党内政治生活逐渐步入正轨，中央对制度建设也愈发重视，从规范党内政治生活和反对特权的角度预防腐败问题的发生成为该时期反腐倡廉的突出特点。1980 年 2 月，《关于党内政治生活的若干准则》在党的十一届五中全会上批准通过。该准则在总结以往经验教训的基础上，根据新时期党所处的特殊经济和社会环境，要求党的领导干部自觉接受党和人民的监督，不准搞特权，党的各级组织要充分发挥战斗堡垒作用，坚决同违法乱纪行为和歪风邪气作斗争。针对党内一些干部搞特殊化的现象，邓小平同志在《党和国家领导制度的改革》一文中指出："当前，也还有一些干部，不把自己看作是人民的公仆，而把自己看作是人民的主人，搞特权，特殊化，引起群众的强烈不满，损害党的威信，如不坚决改正，势必使我们的干部队伍发生腐化。”① 1980年11月，陈云在中纪委贯彻准则的座谈会上提出：执政党的党风问题是有关党的生死存亡的问题。这是在党的历史上第一次将腐败问题提高到党的“生死存亡”的高度来认识，体现了中央对反腐倡廉的高度重视。之后，党的十一届六中全会通过的《关于建国以来党的若干历史问题的决议》提出，必须清除那些欺压人民的腐化变质分子。这是在党的文件中首次正式使用“腐化变质分子”的表述，充分表明了党反对腐败的毅力和决心。

改革开放和社会主义现代化建设新时期，伴随着经济社会的迅速发展，在广东、福建等沿海一带出现了走私贩私、投机诈骗之类的经济犯罪活动，贪污受贿、盗窃国家和集体财产

---

① 邓小平. 邓小平文选：第2卷［M］. 2版. 北京：人民出版社，1994：332.

等犯罪活动明显增加，有的甚至受到相关部门领导干部的支持和庇护，严重扰乱了经济社会秩序，也严重损害了党和国家形象。1982 年 1 月，中共中央发出紧急通知，要求进一步打击经济领域的违法犯罪活动。邓小平同志说，我们要有两手，一手就是坚持对外开放和对内搞活经济的政策，一手就是坚决打击经济犯罪活动。没有打击经济犯罪活动这一手，不但对外开放政策肯定要失败，对内搞活经济的政策也肯定要失败。这一论断，为在整个改革开放和社会主义现代化建设新时期开展反腐败斗争提供了依据。

为了推进反腐倡廉工作，中共中央还采取了几大举措：一是整党，目的是揭露和解决党内存在的思想、作风和组织严重不纯的问题，纠正不正之风，实现党风根本好转。二是规范党政机关、领导干部及其子女、配偶的经商行为。三是查处了一批大案要案，形成了巨大威慑。四是不断完善各项制度，如改革政府采购制度，实行政务、厂务、村务“三公开”等，坚持标本兼治，反腐倡廉效果突出。这一时期，党释放出强烈信号：中国共产党不容许腐败！

四、在学习教育中保持先进性和纯洁性

学习教育，是中国共产党与生俱来的高贵品质，也是中国共产党的优良传统。中国共产党是一个学习型政党，自诞生以来，便不断向历史学习、向实践学习、向人民学习、向人类共有的文明成果学习。在百年历史征程中，党开展了富有成效的学习教育活动。正是永不止步的学习精神，使党诞生百年仍风华正茂，虽历经风霜仍始终保持先进性和纯洁性。

1. 延安时期学习马列主义、解决中国革命具体问题

中共中央落脚陕北后，一方面面临着日本帝国主义的入侵，另一方面面临着国民党的遏制，再加上陕北自然条件十分艰苦，所以，这个时候党所处的环境比任何时候都要复杂，承担的任务比任何时候都要艰巨，党自身比任何时候都需要学习。为了战胜困难，保持党的先进性和纯洁性，确保党始终走在革命斗争前列，在毛泽东等党的领导人的号召下，延安掀起了学习高潮。

1935 年底，党中央决定在瓦窑堡恢复建立中央党校。此后，党校校址随同党中央几经变迁。1937 年 1 月，中央党校随中共中央进驻延安，进入了比较稳定的发展时期，为党和人民培养了大批中高级领导干部和马克思主义理论工作干部。1938 年 9 月至 11 月，党的六届六中全会召开，毛泽东同志在会上提出："我们的任务，是领导一个几万万人口的大民族，进行空

前的伟大的斗争。所以，普遍地深入地研究马克思列宁主义的理论的任务，对于我们，是一个亟待解决并须着重地致力才能解决的大问题。我希望从我们这次中央全会之后，来一个全党的学习竞赛，看谁真正地学到了一点东西，看谁学的更多一点，更好一点。”① 延安学习运动的大幕由此开启。

为了组织好这次全党的学习运动，1939 年 2 月，中央成立了干部教育部，并在 3 月颁布了《延安在职干部教育暂行计划》。陕甘宁边区先后创办了二十多所干部学校，直接领导在职干部的学习。按照毛泽东同志的说法，此次学习的目的是“要把全党变成一个大学校”，他号召全党同志都要进入“这个无期大学”。为了确保学习运动的开展，中央于 1940 年发布了《关于干部学习的指示》《关于在职干部教育的指

① 毛泽东. 毛泽东选集：第 2 卷［M］. 2 版. 北京：人民出版社，1991：533.

示》，规范干部学习教育。为了保证学习效果，中央建立了在职干部平均每日学习两小时的制度，并将5月5日马克思的生日定为学习节。中央规定，此次学习的重点内容为马克思列宁主义，教科书有《马恩丛书》《列宁选辑》《哲学选辑》《政治经济学》等。学习注重开展经常性的学习检查，规定全延安在职干部学习的总检查，每四个月一次，由中央干部教育部领导举行。

在学习的内容上，马列主义放在学习的首位，且贯穿学习全过程。受所处革命战争环境的影响，此时，全党的理论水平是比较低的。毛泽东等人很早就意识到了这个问题，但囿于革命形势的影响，党内一直没有专门的时间对全党进行理论教育。同时，毛泽东等人也意识到，党内之所以发生右、“左”倾错误，一个重要的原因就是理论水平低，尤其是马列主义的理论水平低，分不清真假马克思主义，尤其无法将马列主义与中国国情相结合。为了提高全党的马列主义理论水平，让全党真正学会将马列主义普遍原理与中国革命实际相结合，延安时期，毛泽东同志向全党提出了学习马列主义的任务。其内容主要就是学习马列主义，学会将马列主义与中国革命实际相结合，真正解决中国革命的具体问题。

在具体学习过程中，中央出台多种举措确保理论与实际相结合。1941 年 5 月，毛泽东同志在延安高级干部会议上作《改造我们的学习》的报告，提出要改造全党的学习方法和学习制度，批评了理论和实际脱离的主观主义，特别是教条主义，明确指出在职干部的学习应以研究中国革命实际问题为中心，一方面要以马克思主义基本原理为指导，另一方面又不能孤立静止地研究马列主义。8 月，中共中央作出《关于调查研究的决定》，号召全体党员和干部开展调查研究，毛泽东同志亲自担任调查研究室主任。9 月至 10 月，中共中央召开政治局扩大会议，在会上，毛泽东同志作了反对主观主义和宗派主义的报告，提出要分清创造性的马克思主义和教条式的马克思主义。11 月，中央军委发布《关于高级军事干部学习的决定》，特设军事高级学习组，毛泽东同志规定本组研究方针，以理论与实际联系为目的。12 月，中央作出了《中共中央关于延安在职干部学习的决定》，提出在职干部学习必须坚持的四个原则，目的是要求得理论与实际的一致。

延安时期是党不断发展壮大的时期，也是党走向成熟的重要时期。该时期，党在全党范围内开展的学习运动，是党的历史上的第一次。通过此次学习，全党的理论水平有了很大提高，为彻底解决党的历史上的路线问题、统一全党思想、赢得新民主主义革命的胜利奠定了基础。

2. 新中国成立初期学习执政本领、巩固发展新生政权

新中国成立后，党开始在全国范围内执政，面临着建设新中国的复杂任务，这是一个巨大的挑战，也是一个十分现实的问题。要成功应对这些问题，必须不断提高执政本领。一路走来，此时党的革命斗争经验是十分丰富的，但对如何建设新政权、新国家还需要不断探索、学习。1949 年 6 月，毛泽东同志在《论人民民主专政》中强调："严重的经济建设任务摆在我们面前。我们熟习的东西有些快要闲起来了，我们不熟习的东西正在强迫我们去做。这就是困难。"① "我们必须克服困难，我们必须学会自己不懂的东西。我们必须向一切内行的人（不管什么人）学经济工作。"②《中国人民政治

① 毛泽东. 毛泽东选集：第 4 卷［M］. 2 版. 北京：人民出版社，1991：1480.

② 毛泽东. 毛泽东选集：第 4 卷［M］. 2 版. 北京：人民出版社，1991：1481.

协商会议共同纲领》也要求，加强劳动者的业余教育和在职干部教育，以应革命工作和国家建设工作的广泛需要。1951年，中央发布的《关于加强理论教育的决定（草案）》也指出，党正面临着建设新中国的复杂任务，全党有系统地学习理论，比较过去任何时候都有更好的条件，也更加迫切需要。为此，党中央发布了一系列关于加强干部学习的指示、决定、通知和规定，甚至将干部学习作为新中国成立初期的重要战略任务提了出来，由此在全党范围内掀起了学习的热潮。

新中国成立初期的学习运动，在内容上集中在三个方面：一是理论的学习，旨在为新中国建设提供理论指导。中共中央《关于加强理论教育的决定（草案）》将加强理论教育视为提高干部、改进工作的根本方法。在理论学习方面，其内容主要包括政治常识（关于中华人民共和国和中国共产党的常识）、理论常识（关于社会发展史的常识，中共党史和马克思、恩格斯、列宁、斯大林、毛泽东等人的生平的常识)，以及马克思、恩格斯、列宁、斯大林、毛泽东的理论著作等。二是文化知识的学习。新中国成立初期，各行各业的党员和领导干部基本都是从革命战争年代走过来的，大多数是农民阶级和工人阶级出身，文化素养比较低，有一半以上的干部没有达到初中文化程度。不少干部反映，不怕枪，不怕炮，就怕写报告。为了改善这一状况，建设一支高素质的干部队伍，更好地满足新中国发展的需要，1950 年 12 月，原政务院发出《关于举办工农速成中学和工农干部文化补习学校的指示》，要求在全国范围内有计划有步骤地举办工农速成中学和工农干部文化补习学校，从整体上提高党员和领导干部的文化水平，适应经济社会发展的需要。三是专业技术的学习。为了响应毛泽东同志的号召——要有自己的教授、科学家、新闻记者、文学家、艺术家和马克思主义理论家的队伍，全国各地、各部门、各行业都开展了专业技术培训。其中，有由中央各部委、地方专业部门按专业系统建立的专业干部学校和举办的专业短训班，如中央政法委建立了中央政法干部学校等，也有借助普通高校进行的干部专业知识教育。

学习期间，为了实现学习的规范化，提高学习效果，中央发布了一系列指示、决定。如在军队系统，1950 年 8 月，中央军委发出了《关于在军队中实施文化教育的指示》。为了培养少数民族干部，1950 年 11 月，原政务院颁布了《培养少数民族干部试行方案》。在学习教育组织方面，党中央非常重视党校的作用。至 1955 年，全国已经初步形成由高级党校、中级党校、初级党校、城市夜党校和新党员训练班构成的党校教育网。

新中国成立初期的学习教育活动是必需的，也是有效的。通过学习教育，党员和领导干部的文化素质有了很大提升，整个党员和干部队伍的知识结构有了很大改善，使全党适应了从革命向全国范围执政的转变。邓小平同志说："全国胜利前夕，毛泽东同志号召全党重新学习。那一次我们学得不坏，进城以后，很快恢复了经济，成功地完成了社会主义改造。"①

3. 改革开放和社会主义现代化建设新时期进行全方位学习教育、推进现代化建设

1978 年党的十一届三中全会后，新中国历史进入改革开放和社会主义现代化建设新时期。为了适应瞬息万变的国际国内形势，提高国家综合国力和人民群众生活水平，全党必须从政治、经济、文化、社会、军事等方面全面提高。

改革开放是决定当代中国命运的关键一招。它在促进了经济社会发展的同时，也带来了思

① 邓小平. 邓小平文选：第 2 卷［M］. 2 版. 北京：人民出版社，1994：153.

想和社会生活各领域空前活跃和深刻变动的局面。为了处理好改革、发展、稳定的关系，也为了处理好改革发展与党的建设的关系，1983年10月，党的十二届二中全会通过了《中共中央关于整党的决定》，要求以马列主义、毛泽东思想为指导，正确运用批评和自我批评的锐利武器，揭露和解决党内在思想、作风、组织等方面存在的问题，实现党风的根本好转，把党建设成为领导社会主义现代化事业的坚强核心。此次整党分三期进行：第一期是中央、国家机关各部委和各省、市、自治区一级单位以及解放军各大单位；第二期是地、县两级单位；第三期主要是农村的区、乡、村。此次整个整党活动历时三年半，于1987年5月基本结束。

20世纪末，在即将迈入新世纪的征程中，全党既面临着难得的机遇，也面临着如亚洲金融危机、历史罕见洪水等挑战。在党内，虽然党员领导干部整体情况是好的，但也存在这样那样的问题。如忽视马克思主义理论的学习，缺乏政治敏锐性和政治坚定性，私欲膨胀，违反民主集中制，放弃党性原则，对群众的疾苦漠不关心等，严重影响了党的形象，也不利于党的路线方针政策的贯彻执行，如果任其发展，将严重影响社会主义现代化事业。为了解决党内存在的问题，切实履行社会主义现代化建设领导核心的职能，1996 年，党的十四届六中全会做出决定，对县级以上领导干部进行以讲学习、讲政治、讲正气为主要内容的党性党风教育。这次教育活动，对改革开放和社会主义现代化建设事业起了巨大的推动作用。

进入 21 世纪，我国改革开放和社会主义现代化建设的步伐显著加快，对党的执政能力发出了新的挑战。在领导中国特色社会主义发展的进程中，如何更好地实现维护发展人民群众的利益，如何坚持和巩固党的执政地位，如何加强党的建设，如何探索出一条适合中国国情的、可持续发展的道路，成为执政的中国共产党必须考虑且不得不解决的问题。为了统一全党认识，也为了提高全党执政能力，新世纪，全党先后开展了“三个代表”重要思想学习教育活动、保持共产党员先进性教育活动、深入学习实践科学发展观活动、创先争优活动等。其结果，一方面全面提升了党的执政能力和执政水平，保持了党的先进性和纯洁性，锻造了走在时代前列的马克思主义政党；另一方面推动了中国特色社会主义发展，中国大踏步赶上了时代。

第四章

新时代中国共产党自我革命的伟大实践和成就

党的自我革命是在以习近平同志为核心的党中央统一领导下，全党自觉进行的一场自我净化、自我完善、自我革新、自我提高的革命，是保持马克思主义执政党的先进性和纯洁性的基本要求。党的十八大以来，在以习近平同志为核心的党中央的坚强领导下，党积极开展批评和自我批评，敢于直面问题，勇于自我革命，坚决清除一切损害党的先进性和纯洁性的因素，坚决清除一切侵蚀党的健康肌体的病毒，确立了习近平同志党中央的核心、全党的核心地位，党中央权威和集中统一领导得到有力保证，党的自我净化、自我完善、自我革新、自我提高能力显著增强，管党治党宽松软状况得到根本扭转，党在革命性锻造中更加坚强。

一、加强党的领导，维护中央权威

1850年，马克思、恩格斯针对共产主义者同盟组织涣散的现象指出，工人阶级政党如果不与中央委员会加强联系，就会丧失“自己唯一巩固的支柱”[①]。1920年，列宁在给共产国际第二次代表大会起草的文件中指出，党的中央机关成为拥有广泛的权力、得到党员普遍信任的权威性机构，只有这样，党才能履行自己的职责。在领导第一国际工作的过程中，马克思、恩格斯就对以巴枯宁为代表的无政府主义进行了坚决斗争。列宁在领导俄国无产阶级革命的历史进程中，进一步深化了对确立党的核心领导重大意义的认识。他深刻指出，在历史上，

① 马克思恩格斯文集：第2卷［M］. 北京：人民出版社，2009：189.

任何一个阶级，如果不推举出自己的善于组织运动和领导运动的政治领袖和先进代表，就不可能取得统治地位。

我们党历来重视从制度上保证全党在重大问题上统一行动，维护党中央权威和集中统一领导。党的二大首次选举产生中央执行委员会，党的三大制定了《中国共产党中央执行委员会组织法》，党的五大后通过的《中国共产党第三次修正章程决案》将中央执行委员会改称中央委员会。之后我们党适应形势任务变化，在多次修改党章和制定一系列重要法规文件中，不断健全中央委员会的领导体制和工作制度。历史表明，保证党的团结和集中统一至关重要，维护党中央权威至关重要。正是在党中央坚强领导下，中国革命才得以一步步走向胜利，中国社会主义建设和改革的伟大事业才不断向前推进。

改革开放以后，党为加强和改善党的领导

持续努力，为党和国家事业发展提供了根本政治保证。同时，党内也存在对坚持党的领导认识模糊、行动乏力的问题，存在落实党的领导弱化、虚化、淡化、边缘化的问题。特别是有的人对党中央重大决策部署执行不力，搞上有政策、下有对策，口是心非、擅自行事。习近平总书记指出："我们党是高度集中统一的马克思主义政党，思想上的统一、政治上的团结、行动上的一致是党的事业不断发展壮大的根本所在。"① 党的十八大以来，以习近平同志为核心的党中央更加强调维护党中央权威和集中统一领导，制定和颁布了一系列党内法规，作出了重要制度安排，党中央权威和集中统一领导得到有力保证，党的领导制度体系不断完善，党的领导方式更加科学，全党思想上更加统一、政治上更加团结、行动上更加一致，党

① 习近平关于"不忘初心、牢记使命"论述摘编［M］. 北京：中央文献出版社，2019：101.

的政治领导力、思想引领力、群众组织力、社会号召力显著增强。面对严峻复杂的国内外形势，我们党之所以能战胜一系列风险挑战，推动党和国家事业发展取得历史性成就、发生历史性变革，根本在于坚决维护习近平总书记党中央的核心、全党的核心地位，坚决维护党中央权威和集中统一领导。

十三届全国人大一次会议通过的《中华人民共和国宪法修正案》，把“中国共产党领导是中国特色社会主义最本质的特征”写入宪法。没有中国共产党领导，就没有中国特色社会主义道路、理论、制度、文化。离开中国共产党领导，就会偏离社会主义和共产主义的方向。坚持和加强党的全面领导，是党和国家的根本所在、命脉所在，也是全国各族人民的利益所在、幸福所在。社会主义的本质特征，决定了我们必须坚持和加强党的全面领导。

党的十八届六中全会明确了习近平总书记

党中央的核心、全党的核心地位。党的十九届六中全会审议通过的《中共中央关于党的百年奋斗重大成就和历史经验的决议》更是提出了“两个确立”的历史性结论。一个政党、一个国家，领导核心至关重要。要建设好我们这样一个百年大党、世界大国，保证党的团结和集中统一领导、维护党的领导核心至关重要。党中央有核心、有权威，才能把全党凝聚起来，进而把全国人民紧密团结起来，形成万众一心、无坚不摧的磅礴力量，向着伟大事业、伟大梦想不断前进。

坚持和加强党的全面领导，是党始终总揽全局、协调各方的根本保障。党的十八大以来，党中央连续多年听取全国人大常委会、国务院、全国政协、最高人民法院、最高人民检察院等的工作报告，并将这项工作写入《关于新形势下党内政治生活的若干准则》和《中共中央政治局关于加强和维护党中央集中统一领导的若干规定》。

站在“两个一百年”奋斗目标的历史交汇点上，党中央深刻总结长期以来特别是党的十八大以来治国理政、管党治党的实践经验，着眼加强中央委员会工作，印发了《中国共产党中央委员会工作条例》。该条例坚持以习近平新时代中国特色社会主义思想为指导，以党章为根本遵循，对党中央的领导地位、领导体制、领导职权、领导方式、决策部署、自身建设等作出全面规定，为保证党中央对党和国家事业的集中统一领导提供了基本遵循。

党的十八大以来，以习近平同志为核心的党中央坚持和加强党的全面领导，把党的领导具体贯彻到治国理政全过程和各方面。从中央扶贫开发工作会议到中央统战工作会议，从文艺工作座谈会到中央城市工作会议，从全国生态环境保护大会到中央外事工作会议……习近平总书记出席了一系列重要会议并发表重要讲话，对经济建设、政治建设、文化建设、社会建设、生态文明建设等各方面工作提出要求，充分发挥党总揽全局、协调各方的领导核心作用，从根本上保障了中国特色社会主义各项事业不断向前发展。

旗帜鲜明讲政治是我们党作为马克思主义政党的根本要求。党的政治建设是党的根本性建设，决定党的建设方向和效果。党的十八大以来，以习近平同志为核心的党中央把保证全党服从中央、坚持党中央权威和集中统一领导作为政治建设的首要任务，采取了一系列重大举措：颁布《关于新形势下党内政治生活的若干准则》、健全和落实请示报告制度、各地区各部门党委（党组）加强向党中央报告工作、中央政治局同志向党中央和习近平总书记书面述职等。各地区各部门牢固树立起政治意识、大局意识、核心意识、看齐意识，坚定自觉维护以习近平同志为核心的党中央权威和集中统一领导，在思想上政治上行动上同以习近平同志为核心的党中央保持高度一致。全党全国人民更加拥护中国共产党领导，党的领导地位更加巩固。

二、坚持全面从严治党，进行革命性锻造

全面从严治党是一场伟大的自我革命。中国共产党自建党起始终坚持反对腐败、建设廉洁政治的鲜明政治立场，以自我革命精神厉行正风反腐肃纪，注重保持党的肌体健康。党的十八大以来，以习近平同志为核心的党中央把全面从严治党纳入“四个全面”战略布局，从整治“四风”问题入手，充分发挥巡视利剑作用，坚定不移“打虎”“拍蝇”“猎狐”，全面从严治党取得了历史性成就，产生了全方位、深层次影响，党在革命性锻造中更加坚强，为

党和国家事业发展提供了强大政治引领和坚强政治保障。

以八项规定开局起步，中央抓铁有痕、踏石留印，持续推动作风建设向纵深发展、向基层延伸。2012年12月，中央政治局审议通过关于改进工作作风、密切联系群众的八项规定。习近平总书记身体力行、率先垂范，无论是出席重要会议、重大活动，还是考察调研、出国访问，都会对有关安排方案亲自过问、严格把关，督促有关方面对照中央八项规定不折不扣落实，为全党全国全军树立了光辉的典范、标杆。党的十八大以来，在每年的中央全会、中纪委全会、中央经济工作会议等很多重要场合，习近平总书记发表重要讲话都要专门就作风问题提出明确要求。中央政治局全体同志严格要求、严格约束，不仅自觉、认真、模范践行中央八项规定，而且重视推动中央八项规定精神在分管领域、分管部门或分管地方的贯彻落实，有力推动了作风建设各项要求落地见效。中央国家机关党组（党委）和省市县乡各级党委主动向党中央看齐，自觉承担作风建设主体责任，结合本地区本部门本单位实际，出台落实中央八项规定的具体实施细则，层层传导压力，级级落实责任，作风建设形成了齐抓共管、守土尽责的良好氛围。经过持续努力，中央八项规定精神深入人心，成为作风建设的代名词，成为改变中国政治生态和社会面貌的标志性话语，党的作风建设也开启了全新局面。

聚焦解决群众反映强烈的突出问题，抓早抓小、落细落实，人民群众的满意度不断提高，获得感不断增强。党的十八大以来，党中央着力解决群众反映强烈的突出问题，持续整治和查处侵害群众利益的不正之风，对领导干部身上暴露出的苗头性、倾向性问题早发现、早提醒，加强警示教育，一些久治不愈、易发频发、习以为常的不良作风得到有效扭转。一是紧盯具体问题开展专项整治，出重拳、用重典，形成高压态势，形成严的标准和氛围，刹住了公款吃喝、公车私用等一些歪风邪气，攻克了吃拿卡要、铺张浪费等一些作风陋习，一大批矛盾问题和信访积案得到有效化解，有力扭转了不良作风的蔓延势头。二是强化作风问题整改督促检查，采取党员干部包案到人、限期整改、逐项销号等办法，推动人民群众反映强烈的事项得到有效解决。紧紧盯住整改落实进程，通过电视问政、公开见报、约谈诫勉、巡视巡察等方式督查督办，建立健全解决问题的责任链条，将作风建设压力传导到县乡，把责任压实到基层，推动作风问题整改具体地而不是抽象地、认真地而不是敷衍地落实到位。三是加大作风建设责任追究力度，坚持严字当头、动真碰硬、言出纪随，不断压缩“四风”等不正之风的生存空间。党员干部越来越适应从严治党的常态，人民群众对作风建设满意度不断提升，获得感不断增强。

持续加大监督惩处力度，驰而不息、久久为功，作风建设的震慑力和压倒性态势已经形成。党的十八大以来，党中央把加强作风建设要求贯穿各项工作全过程、各方面，坚持无禁区、全覆盖、零容忍，加大监督力度，强化刚性约束，有力促进了党员干部作风转变。一是一个节点一个节点地持续整治。紧紧盯住元旦、春节、端午、中秋、国庆等节假日不懈怠，严禁用公款搞相互拜年活动，精简各种茶话会、联欢会、表彰会，狠刹公款送粽子、月饼等节礼，禁止用公款购买、赠送烟花爆竹等年货，周而复始、年复一年，积小胜为大胜，积小成为大成。二是一个领域一个领域地全面监督。紧紧盯住征地拆迁、扶贫帮困、医疗卫生、教育环保、食品药品安全等与群众切身利益相关的领域不松劲，坚持敞开大门听意见，把党内监督和群众监督、舆论监督、社会监督等各类监督力量拧成一股绳，构建全方位、多层次的监督网络，以无时不有、无处不在的监督，有效传导改进作风的压力，持续保持作风建设高压态势。三是一个案件一个案件地严厉查处。紧紧盯住中央八项规定精神落实有关情况，对违规公款吃喝、公款旅游，违规配备使用公务用车，违规发放津补贴或福利，违规收送礼品礼金，大办婚丧喜庆等问题，发现一起、查处一起，点名道姓、通报曝光，体现了露头就打、严格执纪的坚定态度。在狠抓重点部门、“关键少数”作风建设，坚持“打虎”力度不减的同时，严肃整治群众反映强烈的“小官巨贪”、“雁过拔毛”、“村霸”横行、优亲厚友等突出问题，见证了作风建设抓铁有痕、踏石留印的决心与成效。

扎紧织密制度笼子，标本兼治、防患于未然，作风建设实现由治标向治本的根本性历史性转变。党中央对作风建设的长期性、艰巨性和复杂性有着十分清醒的认识，始终把健全完善制度机制作为加强作风建设的治本之策。一是从思想认识上不断强化靠制度管作风的意识。党中央坚持思想建党与制度治党相结合，着力扎紧制度笼子，规范权力运行，既发挥先进典型示范引领作用，又发挥反面典型警示震慑作用，不断强化党员干部的规矩意识、制度意识、法纪意识。特别是党的十八届六中全会通过的《关于新形势下党内政治生活的若干准则》，对严肃党内政治生活、弘扬党内优良作风提出了许多新任务新要求，以制度管作风成为全党的思想共识。二是从成功做法中不断固化靠制度管作风的成果。既坚持探索以集中性教育和经常性教育等生动实践治标，又注重将生动实践中的好做法好经验总结提炼为务实管用的制度治本。党的十八大以来，党中央在深化巡视工作中，认识到巡视对作风的利剑震慑作用，在制定和修订《中国共产党巡视工作条例》时，提出了作风巡视的要求，探索了将成功做法固化为制度机制的新路子。各地区各部门各单位认真贯彻落实党中央要求，结合作风建设实践，认真总结规律性认识，形成了密切联系群众、厉行勤俭节约、整治文山会海等作风建设制度成果。三是在具体实践中不断健全靠制度管作风的体系。党中央建立健全了《关于完善党员干部直接联系群众制度的意见》等作风建设制度。中央有关部门围绕执行中央八项规定精神、反对“四风”，下发了《党政机关厉行节约反对浪费条例》等多个规范性文件，对公务接待、公车改革、因公出国（境）、国有企业负责人职务消费管理等多项工作进行了规范。在党中央的示范带动和强力推动下，各地区各部门狠抓建章立制，紧紧围绕中央精神，细化配套制度规定，以转作风改作风为重点的制度体系更加完善，实现了作风建设标本兼治，推动了全面从严治党向纵深发展。

坚持党管干部原则，大力选拔培养党和人民需要的好干部，高素质执政骨干队伍建设迈出新步伐。党的十八大以来，我们党坚持以严的标准选拔干部、严的措施管理干部、严的纪律约束干部。认真落实习近平总书记提出的“信念坚定、为民服务、勤政务实、敢于担当、清正廉洁”的好干部标准，着力破解“唯票、唯分、唯 GDP、唯年龄”问题；强化党组织在干部选拔任用中的领导和把关作用，防止“带病提拔”；严肃整治用人上的不正之风和腐败现象，严厉查处跑官要官、买官卖官等问题；实行领导干部个人有关事项报告及抽查核实制度；出台《中国共产党问责条例》《推进领导干部能上能下若干规定（试行）》，大力整治“为官不为”“庸官”“懒政”等问题；把严格要求和关心爱护结合起来，坚持“三个区分开来”，探索建立容错纠错机制。通过这些措施，进一步优化选人用人环境，树立正确用人导向，一大批忠诚干净担当的干部走上各级领导岗位。

把抓基层打基础作为长远之计和固本之策，推动全面从严治党向基层延伸，党执政的组织基础更加坚实。党的十八大以来，党中央高度重视基层党建工作，坚持政治引领与服务群众相统一、组织覆盖与工作覆盖相结合，大力推进农村、街道社区、国企、机关、高校、非公有制经济组织和社会组织等各领域党建工作。着眼于保持党的先进性和纯洁性，大力加强党员队伍建设，探索建立鲜活生动、富有时代特点的党员教育载体。严格落实基层党建工作责任制，压实各级党组织书记抓基层党建的责任。通过这些举措，基层党组织的整体功能特别是政治功能得到强化，党组织战斗堡垒作用和党员先锋模范作用得到更好发挥。

严肃党内政治生活，净化党内政治生态，党内政治生活的政治性、时代性、原则性、战斗性显著增强。党的十八届六中全会审议通过

《关于新形势下党内政治生活的若干准则》《中国共产党党内监督条例》，对党内政治生活和党内监督作出规范。各级党组织严格执行党的组织生活制度，坚持和改进“三会一课”等党内政治生活方式，拿起批评和自我批评这一武器开展积极的思想斗争。这些举措有效解决了党组织生活不经常、不认真、不严肃的问题，党内清清爽爽的同志关系和规规矩矩的上下级关系得到恢复，党内政治生活得到加强和规范，党内政治生态得到净化。

坚持有腐必反、有贪必肃，“老虎”“苍蝇”一起打，反腐败斗争取得压倒性胜利并巩固发展。党的十八大以来，我们党用最坚决的态度减少腐败存量，用最果断的措施遏制腐败增量，重点查处党的十八大后不收敛不收手的腐败分子，坚决查处群众身边的不正之风和腐败问题。充分发挥巡视反腐利剑作用，实现巡视全覆盖。加大国际追逃追赃力度，不让腐败分子有“避罪天堂”。实行监督执纪“四种形态”，把监督执纪问责做深做细做实。从严落实“两个责任”，督促各级党委（党组）认真履行主体责任、纪委（纪检组）认真履行监督责任。通过这些举措，净化了党的肌体，形成了强大震慑，遏制了腐败现象蔓延势头，赢得了党心民心，获得了国际舆论的广泛赞誉。

党的十八大以来，经过坚决斗争，全面从严治党的政治引领和政治保障作用得到充分发挥，党的自我净化、自我完善、自我革新、自我提高能力显著增强，管党治党宽松软状况得到根本扭转，反腐败斗争取得压倒性胜利并全面巩固，消除了党、国家、军队内部存在的一些隐患，党在革命性锻造中更加坚强。

三、坚持自我完善，推进党内法规制度体系建设

执政党是取得执政地位的政党，直接掌握着权力资源行使公权力。权力容易导致腐败，不受监督的权力是极其危险的。权力不论大小，只要不受制约和监督，都有可能被滥用。中国共产党是执政党，时刻受到各种考验和诱惑。领导干部特别是高级领导干部手中掌握着人民赋予的权力，在权力运行中必须自觉接受权力制约和监督。党的十八大以来，以习近平同志为核心的党中央以加强领导干部特别是高级领导干部监督为重点，建立健全决策权、执行权、监督权既相互制约又相互协调的权力结构和运行机制，推进权力运行程序化和公开透明，把权力关进制度的笼子里，让权力在阳光下运行，

党内法规制度体系建设加快推进。

加强顶层设计和统筹规划。制度具有根本性、全局性、稳定性和长期性。加强党内法规制度建设是全面从严治党的长远之策。党的十八大以来，党中央高度重视加强党内法规制度建设，不仅及时修订党章，而且颁布和印发了《中国共产党党内法规制定条例》《中央党内法规制定工作五年规划纲要（2013—2017 年）》《中央党内法规制定工作第二个五年规划（2018—2022 年）》，进一步明确了形成比较完善的党内法规制度体系的任务书、路线图、时间表。按照 2016 年出台的《中共中央关于加强党内法规制度建设的意见》，党加快补齐党内法规制度短板，形成了比较完善的党内法规制度体系、高效的党内法规制度实施体系、有力的党内法规制度建设保障体系，依据党内法规管党治党的能力和水平显著提高。

密集出台党内法规制度。按照全面从严治

党和依规治党要求，2015 年以来中共中央已修订和印发了《中国共产党巡视工作条例》《中国共产党廉洁自律准则》《中国共产党纪律处分条例》《中国共产党问责条例》《关于新形势下党内政治生活的若干准则》《中国共产党党内监督条例》等一批规范和约束党内政治生活的新党纪和新党规。这些相互配合和运行有效的党内法规制度，为加强和规范党内政治生活提供了党内法规依据和制度保证，使党内政治生活有规可循、有规必依、执规必严、违规必究，切实推进党内政治生活的制度化、规范化、程序化。党中央针对全党全军全国重大问题，及时制定修订 146 部实践亟需、务实管用的中央党内法规，占现行有效中央党内法规总数的 69.5%，实现了党的领导和党的建设各方面党内法规制度的全覆盖。按照党中央部署，中纪委、党中央有关部门和各省市区党委大力推进本领域本地区建章立制工作，有针对性地出台配套党内法规。截至 2021 年 5 月，中央党内法规共 210 部，部委党内法规共 162 部，地方党内法规共 3210 部，有规可依的问题基本解决。

维护党内法规制度统一性、权威性。2012—2014 年、2019 年，全党范围内先后进行了两次党内法规和规范性文件集中清理，决定废止、宣布失效和修改 866 件中央法规文件，实现党内法规制度“瘦身”和“健身”。备案审查工作体系不断健全，工作全面开展。截至 2021 年 4 月，各地区各部门向党中央报备党内法规和规范性文件 3.2 万多件、发现和处理“问题文件”近 1400 件，维护了党内法规和党的政策协调统一，推动了全党上下步调一致向前进。

狠抓党内法规制度贯彻执行。一分部署还要九分落实。制定制度很重要，更重要的是抓落实，九分力气要花在这上面。习近平总书记反复强调制度建设要“两手抓”，尤其要抓好制度落实。党的十八大以来，党中央坚持把法规制度执行摆在更加突出位置，深入开展党内法规学习宣传教育，坚决纠正有令不行、有禁不止行为，党内法规执行真正严起来、硬起来、实起来。

以上率下、示范带动引领。全面从严治党首先从中央政治局立规矩开始、从制定落实中央八项规定破题、从中央领导同志做起，产生了强大号召力。习近平总书记以行动作号令、以身教作榜样，无论是国内考察调研还是国外访问、出席国际会议活动，都一以贯之严格执行中央八项规定等各项制度规定，为全党树立了典范、作出了表率。

学规知规、强化制度意识。2016 年，党中央在全党部署开展“两学一做”学习教育，把学习党章党规作为重要内容。2019 年，在全党开展“不忘初心、牢记使命”主题教育，把学习对照重要党内法规作为重点内容，组织党员领导干部认真学习党章党规并进行对照检视。各级党校（行政学院）、干部学院把重要党内法规作为干部教育培训必修课，“学习强国”“两微一端”等新媒体新平台积极创新党内法规传播方式，基层创造出“讲习夜话”“板凳圈”“大喇叭”等群众喜闻乐见的宣传阐释方式，推动党内法规“飞入寻常百姓家”。

强化责任、健全体制机制。党以出台和贯彻执行《中国共产党党内法规执行责任制规定（试行）》为牵引，扭住责任制这个“牛鼻子”，形成党委（党组）统一领导、办公厅（室）统筹协调、主管部门牵头负责、相关单位协助配合、纪检机关严格监督的执规责任体系。各地区各有关部门建立健全制度执行机制，把制度执行贯穿到区域治理、部门治理、行业治理、基层治理、单位治理全过程。

严格执纪、严肃追责问责。各级党委（党组）将党内法规执行情况作为督促检查、巡视巡察重要内容，对党内法规执行中存在的问题开展专项整治，严肃查处各种违规行为，党内法规制度真正成为带电的高压线。

工作机制进一步完善。2015 年，中央层面首次建立了党内法规工作联席会议机制。各省市区也普遍建立联席会议机制，统筹推进党内法规制度建设各项工作。中央部门和各省市区普遍设立党内法规工作机构，市县两级党委均有专门机构或力量承担党内法规工作，工作机构逐步健全。党委、人大常委会、政府、军队间备案审查衔接联动机制不断健全，增强了备案审查工作的联动性。

总之，党的十八大以来，以习近平同志为核心的党中央高度重视制度治党、依规治党，把加强党内法规制度建设作为全面从严治党的长远之策、根本之策，作为事关党长期执政、国家长治久安的重大战略任务，摆在突出位置部署推进，取得了历史性成就，形成了比较完善的党内法规制度体系，广大党员干部尊规学规守规用规意识明显增强，党内法规制度优势有效转化为党管党治党、治国理政的治理效能。

四、坚持自我提升，提高党的执政能力和领导水平

“软肩膀挑不起硬担子。”能力不是一劳永逸、一蹴而就的，必须坚持在学习实践中砥砺品格、增长才干，在爬坡过坎、跋山涉水中摸索新规律、凝聚新动力。党历来重视学习，是一个勤于学习、善于学习的马克思主义政党。党的十八大以来，以习近平同志为核心的党中央把加强学习作为一项关系党和国家事业兴旺发达的战略任务来对待、来倡导、来坚持，总是根据形势和任务的发展变化向全党提出学习的任务，而且身体力行、率先垂范，对推动全

党的学习建设，对党和国家事业的发展，产生了十分重要的作用。

1. 党内集中教育

在全党开展集中性学习教育，是实现党的自我提升的重要途径，也是我们党推进自我革命的重要内容。党的十八大以来，党中央先后组织开展党的群众路线教育实践活动、“三严三实”专题教育、“两学一做”学习教育、“不忘初心、牢记使命”主题教育、党史学习教育等集中性学习教育。

党的群众路线教育实践活动：2013 年 5 月，中共中央下发了《关于在全党深入开展党的群众路线教育实践活动的意见》，明确这次活动中央政治局带头开展，自上而下分两批进行。2014 年 10 月，党的群众路线教育实践活动总结大会在北京召开，习近平总书记出席会议并发表重要讲话。通过在全党深入开展以为民务实清廉为主要内容的党的群众路线教育实践活动，广大党员、干部受到了马克思主义群众观的深刻教育，形式主义、官僚主义、享乐主义和奢靡之风得到有力整治，群众反映强烈的突出问题得到有效解决，影响群众切身利益的症结难点得到突破，党在群众中的威信和形象进一步提升，党心民心进一步凝聚，形成了推动改革发展的强大正能量，党的执政基础更加稳固。实践证明，党中央作出的在全党深入开展党的群众路线教育实践活动的战略决策是完全正确的，党中央关于这次活动的一系列部署是完全正确的。这次活动为我们进行具有许多新的历史特点的伟大斗争作了思想上组织上作风上的重要准备，其重大意义必将随着时间的推移不断显现出来。

“三严三实”专题教育：2014 年 3 月，习近平总书记在参加十二届全国人大二次会议安徽代表团审议时强调作风建设永远在路上，要求各级领导干部都要既严以修身、严以用权、严以律己，又谋事要实、创业要实、做人要实。严以修身，就是要加强党性修养，坚定理想信念，提升道德境界，追求高尚情操，自觉远离低级趣味，自觉抵制歪风邪气。严以用权，就是要坚持用权为民，按规则、按制度行使权力，把权力关进制度的笼子里，任何时候都不搞特权、不以权谋私。严以律己，就是要心存敬畏、手握戒尺，慎独慎微、勤于自省，遵守党纪国法，做到为政清廉。谋事要实，就是要从实际出发谋划事业和工作，使点子、政策、方案符合实际情况、符合客观规律、符合科学精神，不好高骛远，不脱离实际。创业要实，就是要脚踏实地、真抓实干，敢于担当责任，勇于直面矛盾，善于解决问题，努力创造经得起实践、人民、历史检验的实绩。做人要实，就是要对党、对组织、对人民、对同志忠诚老实，做老实人、说老实话、干老实事，襟怀坦白，公道正派。2015 年 4 月，中共中央办公厅印发《关于在县处级以上领导干部中开展“三严三实”专题教育方案》，对在县处级以上领导干部中开展“三严三实”专题教育作出安排，明确“三严三实”专题教育作为党的群众路线教育实践活动的延展深化，作为加强党的思想政治建设和作风建设的重要举措，要融入领导干部经常性学习教育，不分批次、不划阶段、不设环节，不是一次活动。这次专题教育聚焦“三严三实”，突出问题导向，对县处级以上领导干部在思想、作风、党性上进行了又一次集中“补钙”和“加油”，特别是绷紧了政治纪律和政治规矩这根弦，使深化党风廉政建设有了更加明确的方向。

“两学一做”学习教育：2016 年，党中央决定在全体党员中开展“学党章党规、学系列讲话，做合格党员”学习教育（简称“两学一做”学习教育）。开展“两学一做”学习教育，是落实党章关于加强党员教育管理要求、面向全体党员深化党内教育的重要实践，是推动党内教育从“关键少数”向广大党员拓展、从集中性教育向经常性教育延伸的重要举措，是加强党的思想政治建设的重要部署。2017 年 3 月，中共中央办公厅印发了《关于推进“两学一做”学习教育常态化制度化的意见》，并发出通知，要求各地区各部门认真贯彻落实。实践证明，“两学一做”学习教育是推进思想建党、组织建党、制度治党的有力抓手，是全面从严治党的基础性工程，要坚持不懈抓下去。

“不忘初心、牢记使命”主题教育：2019 年 5 月 13 日，中共中央政治局召开会议，决定从 6 月开始，在全党自上而下分两批开展“不忘初心、牢记使命”主题教育。2019 年 5 月 31 日，“不忘初心、牢记使命”主题教育工作会议在北京召开。根据党的十九大决定，以县处级以上领导干部为重点，在全党开展“不忘初心、牢记使命”主题教育。2020 年 1 月 8 日，习近平总书记出席“不忘初心、牢记使命”主题教育总结大会并发表重要讲话，从新时代党和国家事业发展全局和战略高度，深刻总结主题教育取得的主要成效、积累的成功经验，着眼我们党肩负的历史使命、面临的形势任务，对巩固拓展主题教育成果，不断深化党的自我革命，持续推动全党不忘初心、牢记使命作出全面部署，提出“六个必须”的明确要求，即必须作为加强党的建设的永恒课题和全体党员、干部的终身课题常抓不懈；必须用马克思主义中国化最新成果统一思想、统一意志、统一行动；必须以正视问题的勇气和刀刃向内的自觉不断推进党的自我革命；必须发扬斗争精神，勇于担当作为；必须完善和发展党内制度，形成长效机制；必须坚持领导机关和领导干部带头。通过深入开展“不忘初心、牢记使命”主题教育，各级党组织和广大党员、干部深入学习实践习近平新时代中国特色社会主义思想，提高了知信行合一能力；各级党组织和广大党员、干部思想政治受到洗礼和锤炼，增强了守初心、担使命的思想自觉和行动自觉；各级党组织和广大党员、干部干事创业、担当作为的精气神得到提振，推动了改革发展稳定各项工作；各级党组织和广大党员、干部积极解决群众最急最忧最盼的问题，强化了宗旨意识和为民情怀；各级党组织和广大党员、干部深入进行清正廉洁教育，涵养了风清气正的政治生态；各级党组织和广大党员、干部重点抓突出问题专项整治，消除了一些可能动摇党的根基、阻碍党的事业的因素。

党史学习教育：2021 年是中国共产党成立 100 周年。为从党的百年伟大奋斗历程中汲取继续前进的智慧和力量，深入学习贯彻习近平新时代中国特色社会主义思想，巩固深化“不忘初心、牢记使命”主题教育成果，激励全党全国各族人民满怀信心迈进全面建设社会主义现代化国家新征程，党中央决定，在全党开展党史学习教育。2021 年 2 月 20 日，党史学习教育动员大会在北京召开。习近平总书记出席会议并发表重要讲话，站在统筹中华民族伟大复兴战略全局和世界百年未有之大变局的高度，对开展好党史学习教育作出全面动员和部署，为开展好党史学习教育指明了方向、提供了根本遵循。当前，按照党中央和总书记的部署，全党上下掀起了党史学习教育热潮，行动迅速、安排周密、进展顺利、成效显著。

2. 中共中央政治局集体学习

第十八届中共中央政治局集体学习共进行了 43 次。学习内容包括：坚持和发展中国特色社会主义、学习宣传贯彻党的十八大精神，坚定不移推进改革开放，坚定不移走和平发展道路，全面推进依法治国，我国历史上的反腐倡廉，大力推进生态文明建设，中国特色社会主义理论和实践，建设海洋强国研究，实施创新驱动发展战略，加快推进住房保障体系和供应体系建设，历史唯物主义基本原理和方法论，提高国家文化软实力研究，培育和弘扬社会主义核心价值观、弘扬中华传统美德，切实维护国家安全和社会安定，使市场在资源配置中起决定性作用和更好发挥政府作用，加强改进作风制度建设，世界军事发展新趋势和推进我军军事创新，我国历史上的国家治理，加快自由贸易区建设，辩证唯物主义基本原理和方法论，深化司法体制改革、保证司法公正，健全城乡发展一体化体制机制，健全公共安全体系，加强反腐倡廉法规制度建设，中国人民抗日战争的回顾和思考，践行“三严三实”，全球治理格局和全球治理体制，马克思主义政治经济学基本原理和方法论，中华民族爱国主义精神的历史形成和发展，“十三五”时期我国经济社会发展的战略重点，历史上的丝绸之路和海上丝绸之路，我国人口老龄化的形势和对策，严肃党内政治生活、净化党内政治生态，深化国防和军队改革，二十国集团领导人峰会和全球治理体系变革，实施网络强国战略，我国历史上的法治和德治，深入推进供给侧结构性改革，我国脱贫攻坚形势和更好实施精准扶贫，维护国家金融安全，推动形成绿色发展方式和生活方式，推进军队规模结构和力量编成改革、重塑中国特色现代军事力量体系，当代世界马克思主义思潮及其影响等。

迄今为止，第十九届中共中央政治局集体学习已经进行了36次。学习内容包括：深入学习贯彻党的十九大精神，实施国家大数据战略加快建设数字中国，建设现代化经济体系，我国宪法和推进全面依法治国，《共产党宣言》及其时代意义，加强党的政治建设，全面停止军队有偿服务，实施乡村振兴战略，人工智能发展现状和趋势，中国历史上的吏治，深化国家监察体制改革，全媒体时代和媒体融合发展，完善金融服务、防范金融风险，五四运动的历史意义和时代价值，“牢记初心使命，推进自我革命”，推进军事政策制度改革，新中国国家制度和法律制度的形成和发展，区块链技术发展现状和趋势，我国应急管理体系和能力建设，切实实施民法典，深入学习领会和贯彻落实新时代党的组织路线，加强国防和军队现代化建设，我国考古最新发现及其意义，量子科技研究和应用前景，加强我国知识产权保护工作，切实做好国家安全工作，做好“十四五”时期我国发展开好局、起好步的重点工作，完善覆盖全民的社会保障体系，新形势下加强我国生态文明建设，加强我国国际传播能力建设，用好红色资源、赓续红色血脉，坚持党对人民军队绝对领导、奋力实现建军一百年奋斗目标，加强我国生物安全建设，推动我国数字经济健康发展，建设中国特色社会主义法治体系，努力实现碳达峰碳中和目标等。

在党中央带动下，各省市区党委和政府，中央和国家机关各部委，解放军各总部、各大单位，各人民团体也纷纷采取了常委会集体学习、中心组集体学习等多种形式，广泛开展学习活动。一些地方、部门、军队、企业、社区和群团组织创新学习载体、拓展学习内涵，学习活动开展得有声有色、富有成效。全党、全军、全国各地丰富多彩的学习活动为我国社会主义现代化建设提供了强大的发展动力。实践证明，中央政治局在全党学习活动中的率先垂范，带动了党的各级组织、各级领导干部和全体党员不断加强和改善学习，中国共产党治国理政的本领在学习和实践中不断得到增强。

3. 干部教育培训工作

善于学习、重视干部教育培训，是我们党

的一大优势和传统，是治国理政的宝贵经验。党的十八大以来，干部教育培训工作迈出新步伐。在党中央示范带领下，干部教育培训工作深入学习贯彻习近平新时代中国特色社会主义思想，认真落实全国党校工作会议精神，改革创新、稳中有进，呈现出勃勃生机。新修订的《干部教育培训工作条例》颁布，《2013—2017年全国干部教育培训规划》《2018—2022 年全国干部教育培训规划》等制度出台，干部教育培训工作科学化制度化规范化跃上新台阶。各级组织部门深入学习贯彻习近平新时代中国特色社会主义思想，紧紧围绕统筹推进“五位一体”总体布局和协调推进“四个全面”战略布局，突出党的理论教育、党性教育和专业化能力培训，整合培训资源，在精准化培训上下功夫，广大党员干部理论武装得到加强、党性得到锤炼、能力得到提升，干部队伍呈现出良好精神风貌。

第五章

新征程以自我革命引领新的社会革命

以党的自我革命推动伟大社会革命，是习近平总书记关于党的自我革命论述的重要内容。习近平总书记从总结改革开放的历史经验出发，指出我们党不断走向胜利的关键，正是在于党协同推进了自我革命和伟大社会革命。在庆祝中国共产党成立 100 周年大会上的讲话中，习近平总书记深刻指出："勇于自我革命是中国共产党区别于其他政党的显著标志。"① 党的自我革命是引发新时代中国特色社会主义的社会革命的先导，推动伟大社会革命是党的自我革命的重要目的。我们党只有以勇于自我革命的精神打造和锤炼自己，只有努力在革故鼎

① 习近平. 在庆祝中国共产党成立 100 周年大会上的讲话［M］. 北京：人民出版社，2021：19.

新、守正创新中实现自身跨越，才能不断给中国特色社会主义伟大事业注入新的生机活力。

伟大的社会革命和党的自我革命是紧密联系、有机统一的。一部中国共产党推进社会革命的历史，就是一部不断进行自我革命的奋斗史。正是因为党始终保持自我革命的精神和品格，才能在数次面临生死存亡考验的紧急关头转危为安，才能够团结带领广大人民群众创造一个又一个的伟大奇迹。新时代赋予了党新的历史使命，历史只会眷顾自我革新者、自我调适者、自我革命者，唯有始终保持自我革命的精神斗志，党方能在长期执政过程中把握自身的前途命运，方能在实现中华民族伟大复兴的历史征程中行稳致远、不断走向新的胜利。自我革命是党带领广大人民群众实现第二个百年奋斗目标、取得新的伟大社会革命胜利的重要保障。

一、全面贯彻习近平新时代中国特色社会主义思想

习近平新时代中国特色社会主义思想是系统的理论，关于党的自我革命的重要论述是习近平新时代中国特色社会主义思想的重要组成部分。在新的伟大社会革命中，全体党员干部要在坚持知行合一、持续学懂弄通做实上下功夫，用习近平新时代中国特色社会主义思想去应对新的伟大社会革命征程中的各种问题和挑战。

1. 一以贯之坚持以习近平新时代中国特色社会主义思想为指导

党的十八大以来，习近平总书记以非凡的政治勇气、高瞻远瞩的战略眼光、强烈的使命担

当、坚韧不拔的意志决心，提出了一系列关于党的建设的新观点、新论断和新举措，把自我革命作为新时代党的建设的重要命题，进一步丰富发展了马克思主义关于执政党建设的理论。在我国开启全面建设社会主义现代化国家新征程、向第二个百年奋斗目标进军的新时期，党作为中国特色社会主义的领导核心，必须一如既往地重视自我革命。党的十九届五中全会通过的《中共中央关于制定国民经济和社会发展第十四个五年规划和二〇三五年远景目标的建议》提出："把严的主基调长期坚持下去，不断增强党自我净化、自我完善、自我革新、自我提高能力。"① 加强党的自我建设，必须深刻把握习近平总书记关于党的自我革命重要论述的丰富要义、基本特征及对新时代党的建设的启示，把党的建设和自

① 中共中央关于制定国民经济和社会发展第十四个五年规划和二〇三五年远景目标的建议［M］．北京：人民出版社，2020：41.

我革命推向新阶段。习近平总书记总结了党的自我革命的丰富思想成果和重要经验，如坚定理想信念，加强党性修养，从严管党治党，严肃党内政治生活，坚持经常性教育和集中性教育相结合，勇于开展批评和自我批评，加强党内监督，接受人民监督，不断纯洁党的思想、党的组织、党的作风、党的肌体，等等。这些对深入推进党的自我革命具有重要的指导作用。

在党的自我革命中，一以贯之地以习近平新时代中国特色社会主义思想指引航向，党员干部必须坚决做到“两个维护”，捍卫“两个确立”。坚决维护习近平总书记党中央的核心、全党的核心地位，坚决维护党中央权威和集中统一领导。新时代新思想要求全体党员干部旗帜鲜明讲政治，坚决落实党中央的各项方针政策，一切行动先从政治上进行考量，在“国之大者”的范围内行动，确保“两个维护”这一政治原则能够坚定不移地走下去。同时，必须用习近平新时代中国特色社会主义思想武装自己的头脑，坚定自身理想信念。理论创新向前迈进的同时要确保理论武装能够及时跟进。一以贯之地以习近平新时代中国特色社会主义思想为指导是全党的一项重大长期的政治任务，全体党员干部一定要将理论学习的热潮持续下去，切实做到真学真信真懂真用，以理论上的清醒保持政治上的不变形、不走样。

2. 在坚持知行合一、持续学懂弄通做实上下功夫

在《关于费尔巴哈的提纲》中，马克思明确指出，哲学家们只是用不同的方式解释世界，问题在于改变世界。立足于改造世界而非仅仅解释世界，这是马克思主义哲学区别于其他一切旧哲学的根本点。中国共产党坚持自我革命，要以习近平新时代中国特色社会主义思想为指导，在科学的行动指南的指导下，在坚持知行合一、持续学懂弄通做实上下功夫。当下，中国共产党人必须科学地认识自身所处的历史方位，认清当前的时代课题。只有科学回答了新时代坚持和发展什么样的中国特色社会主义、怎样坚持和发展中国特色社会主义这个重大时代课题，我们才能够推动党和国家的事业取得开创性、全方位的新进展。习近平新时代中国特色社会主义思想系统回答了这一时代课题。实践是理论发展前进的动力，任何科学的理论都是在实践中逐渐孕育出来的，都是在对时代的探索中发展而来的，而科学的理论又随之指导实践，新时代需要新的科学理论指导实践。党的十八大以来，以习近平同志为核心的党中央丰富和发展了中国特色社会主义理论体系，回答了当前我们应当坚持和发展的总目标、总布局和总任务，回答了今后我们要坚持的发展方向、发展动力、战略步骤等基本问题，逐渐形成了习近平新时代中国特色社会主义思想。

这一思想的形成得益于中国特色社会主义实践的不断发展，得益于全党的集体智慧，得益于习近平总书记的政治智慧及远见卓识，是我们党自十八大以来治国理政经验的总结和升华，我们必须要知行合一，真正在学懂弄通做实上下功夫。

坚持知行合一，持续在学懂弄通做实上下功夫要求党员必须具备高度的使命感、责任感，深入学习贯彻落实党的十九届六中全会精神，深刻领会《中共中央关于党的百年奋斗重大成就和历史经验的决议》的重大理论意义、政治意义和实践意义。广大党员干部要系统地进行学习，在学习过程中不能浅尝辄止，要准确理解和掌握全会精神实质。尤其是领导干部这一“关键少数”，更加要自觉做学习党的十九届六中全会精神的先行者，对标学懂弄通做实的各项要求，与时俱进深入学，在思想和行动上紧紧跟随全会精神，将学习的成果结合自己的工作实际，转化为自身高度的政治自觉和政治能力，进而转化为新的思维方法和工作方法。理论联系实际还需要我们的党员干部能够运用习近平新时代中国特色社会主义思想这一武器，解决面临的急需解决的重点问题，化解潜伏在我们身边的各种风险。只有坚持知行合一，持续在学懂弄通做实上下功夫，才能把党和国家的事业做大做好。我们当前的事业是前无古人的事业，只有不断以最新理论为武器，不断理论与实践相结合，才能顺利实现社会主义现代化，实现我们矢志追求的中华民族伟大复兴。

3. 掌握蕴含其中的马克思主义立场观点方法

党的思想路线决定了党的自我革命的必要性。马克思主义是科学的，是我们做好一切工作的看家本领，也是领导干部必须普遍掌握的工作制胜的看家本领。马克思主义中有关党的建设的理论回答了共产党人如何推进自我革命。

马克思强调，无产阶级政党与其他任何政党不同的地方，就在于它经常自己批评自己。这表明了无产阶级政党对自身的缺点或错误能够经常进行自我剖析和自我反思，以坚持真理来修正错误。习近平总书记关于党的自我革命的重要论述，从马克思主义基本原理出发，深刻阐明我们党不仅必须做到自我革命，而且能够做到自我革命，并且善于自我革命。勇于自我革命，是我们党鲜明的品格，也是我们党显著的优势。只有推进党的自我革命，才能解决党内存在的各种问题，才能应对时代和伟大社会革命所提出的一切挑战，才能推进和引领伟大社会革命。“要把新时代坚持和发展中国特色社会主义这场伟大社会革命进行好，我们党必须勇于进行自我革命，把党建设得更加坚强有力。”①

① 习近平关于“不忘初心、牢记使命”论述摘编［M］. 北京：党建读物出版社、中央文献出版社，2019：38.

指导思想是一个政党的精神旗帜。一百年来，党之所以能够完成近代以来各种政治力量不可能完成的艰巨任务，就在于党始终把马克思主义这一科学理论作为自己的行动指南。中国共产党人秉持了马克思主义经典作家的相关理论并将其进行了话语体系的现代性转化和表达，进而为新时代党的自我革命提供了丰富的理论滋养。

正如习近平总书记2013年3月在中央党校建校80周年庆祝大会暨2013年春季学期开学典礼上的讲话中所指出，只有学懂了马克思列宁主义、毛泽东思想、邓小平理论、“三个代表”重要思想、科学发展观，特别是领会了贯穿其中的马克思主义立场、观点、方法，才能心明眼亮，才能深刻认识和准确把握共产党执政规律、社会主义建设规律、人类社会发展规律，才能始终坚定理想信念，才能在纷繁复杂的形势下坚持科学指导思想和正确前进方向，才能带领人民走对路，才能把中国特色社会主义不断推向前进。

从方法论的角度实现党的自我革命与新的伟大社会革命的结合，就必须做到：第一，坚守人民立场。坚守人民立场决定了党在推进自我革命的进程中要坚持走群众路线。人民群众是历史的创造者。群众路线是党的生命线和根本工作路线。坚持群众路线是坚守人民立场的集中表现。第二，要善于运用马克思主义的科学思维方式，如辩证思维方式、历史思维方式、底线思维方式。推进自我革命要运用辩证唯物主义方法论，增强辩证思维；要学习党史、新中国史、改革开放史和社会主义发展史，在历史镜鉴中汲取共产党人自我革命的经验教训；要坚持底线思维，严明党的纪律，守住党员不可触碰的底线，把权力关进制度的笼子里。第三，要敢于坚持马克思主义真理，勇于修正错误。在新的伟大社会革命中，中国共产党人既要勇于坚持以马克思主义立场观点方法去分析问题、解决问题，坚定不移地信仰马克思主义，又要对否定马克思主义真理的错误思想言论敢于亮剑、敢于发声，进行积极的思想斗争。

二、增强全面从严治党永远在路上的政治自觉

党的十八大以来，以习近平同志为核心的党中央坚持自我革命，将全面从严治党纳入“四个全面”的战略布局，成功将管党治党成果推向了新境界。在这一过程中，中国共产党人以主动的精神、巨大的勇气、强烈的担当沉着冷静应对“四大危险”和“四大考验”，准确把握并客观分析不断变化的世情、国情和党情，深入全面从严治党，出台了一系列党内法规，制定了一系列重大方针政策，在实践中取得了

丰硕成果。但是，我们仍然要继续保持警惕，在新的伟大社会革命中坚定全面从严治党永远在路上的执着，坚决落实全面从严治党的政治责任，坚持一体推进不敢腐不能腐不想腐，把全面从严治党不断推向新阶段、新高度。

1. 坚定全面从严治党永远在路上的执着

坚持全面从严治党，勇于进行自我革命，是我们党一贯以来的显著优势。勇于自我革命，是不断将全面从严治党推向纵深的内生动力，党坚定全面从严治党永远在路上的执着就是自我革命精神的体现。我们要准确把握“四个自我”的科学内涵，要看到“四个自我”是一个紧密联系的整体，它们之间的关系是辩证统一的，“四个自我”是勇于自我革命的生动写照和具体体现。我们要想坚定全面从严治党永远在路上的执着，就必须将党的自我革命坚持到底。

在2012年党的十八大上，习近平总书记当选为中共中央总书记，在面对中外记者时他明确强调，全党必须要保持警惕，打铁还需自身硬。坚持党的全面领导，全面从严治党就是我们要持之以恒必须坚持的。只有坚持全面从严治党永远在路上的政治自觉，党的建设才能够始终坚强有力，才能够在应对世情、国情、党情的变化时让党更加适应环境，满足时代的需要，满足人民的要求。“前途命运都掌握在自己手上。要兴党强党，保证党永葆生机活力，就必须实事求是认识和把握自己，以勇于自我革命精神打造和锤炼自己。”[①] 无论过去、现在，还是将来，全面从严治党必须要在“抓常、抓细、抓长”上下功夫、动真格，拿出实实在在的方案，直面人民群众深恶痛绝的陈规陋习，彻底解决突出问题，确保党手中的权力公平公正行使，确保人民赋予的权力真正为民服务，

① 习近平. 论坚持全面深化改革［M］. 北京：中央文献出版社，2018：328.

用党风带动政风、民风，在全社会形成海晏河清的局面。

2. 坚决落实全面从严治党的政治责任

中国共产党作为在中国长期执政的政党，全面从严治党是我们要坚决落实的一项政治责任。中国共产党一直是一个勇于自我革命的党，在自我革命的过程中，自觉承担相应的政治责任对中国共产党人来说是不可或缺的，是我们的一项政治基因。正是由于我们敢于承担全面从严治党的政治责任，才能够披荆斩棘，在严峻形势和突出问题的冲击下愈战愈勇，成功领导人民走出了中国特色社会主义的新路。“改革开放以后，党坚持党要管党、从严治党，推进党的建设取得明显成效。同时，由于一度出现管党不力、治党不严问题，有些党员、干部政治信仰出现严重危机，一些地方和部门选人用人风气不正，形式主义、官僚主义、享乐主义和奢靡之风盛行，特权思想和特权现象较为普遍存在。”① 在这种情况下，党必须坚决落实全面从严治党的政治责任，必须要进行一场刀刃向内的自我革命。党勇于面对现实中出现的各种问题，直面改革开放以来积累留存下来的难题难点，敢于自省、自纠、自查，不断完善自我革命的各项制度机制，党的自我革命进程从来都没有停止过。坚定的信念、崇高的理想是我们进行自我革命、落实全面从严治党政治责任的精神动力，纯洁的组织、先进的队伍是我们进行自我革命、落实全面从严治党政治责任的组织保障，持之以恒正风肃纪、严厉惩治贪腐现象是我们进行自我革命、落实全面从严治党政治责任的战略举措，依规管党治党、完善

① 中共中央关于党的百年奋斗重大成就和历史经验的决议[N]. 人民日报，2021-11-17（01）.

党规党法是我们进行自我革命、落实全面从严治党政治责任的制度保证。“只要我们不断清除一切损害党的先进性和纯洁性的因素，不断清除一切侵蚀党的健康肌体的病毒，就一定能够确保党不变质、不变色、不变味，确保党在新时代坚持和发展中国特色社会主义的历史进程中始终成为坚强领导核心。”①

坚决落实全面从严治党的政治责任，就要从严管理党内政治生活，通过让党员干部在严格的政治生活中接受政治锻炼，提高他们的政治能力，强化他们的政治担当，从而让他们承担起全面从严治党的政治责任。

① 中共中央关于党的百年奋斗重大成就和历史经验的决议［N］. 人民日报，2021-11-17（01）.

三、坚持以人民为中心着力解决突出问题

坚持以人民为中心不仅是马克思主义政党的本质属性，也是中国共产党的根本立场。人民是阅卷人，党的自我革命要站稳以人民为中心的根本立场。马克思、恩格斯在《共产党宣言》中指出："过去的一切运动都是少数人的，或者为少数人谋利益的运动。无产阶级的运动是绝大多数人的，为绝大多数人谋利益的独立的运动。"① 中国共产党是马克思主义政党，是中国工人阶级的先锋队，同时是中国人民和中华民族的先锋队。党除了最广大人民群众的利益，没有自己的特殊利益。党在任何时候都把群众利益放在第一位，与群众同甘共苦，保持

① 马克思恩格斯选集：第1卷［M］. 北京：人民出版社，2012：411.

最密切的联系，不允许任何党员脱离群众、凌驾于群众之上。正因为中国共产党没有任何自己的特殊利益，才能真正做到大公无私，才能真正做到以人民为中心、全心全意为人民服务，才能真正做到时刻反省自己、时刻检视自己、时刻纠正错误，才能真正做到自我革命，并以党的自我革命推进伟大社会革命。

习近平总书记指出，人民是我们党执政的最深厚基础和最大底气。“我们党之所以有自我革命的勇气，是因为我们党除了国家、民族、人民的利益，没有任何自己的特殊利益。”① 党在自我革命百年进程中，不断取得管党治党新突破，党的执政能力和水平不断提高，其原因在于符合人民群众的根本利益，得到了人民群众的认可和拥护。党的十九届六中全会强调，全党必须永远保持同人民群众的血肉联系，践

① 习近平. 论坚持全面深化改革［M］，北京：中央文献出版社，2018：326.

行以人民为中心的发展思想，不断实现好、维护好、发展好最广大人民根本利益，团结带领全国各族人民不断为美好生活而奋斗。中国共产党一贯以来站稳人民立场，心系人民、情系群众，这也是我们党得以长期执政的根本保证。

1. 不断深化以人民为中心的发展理念

党恪守初心，始终把人民的利益摆在最重要的位置。党始终坚持以人民为中心，在百年奋斗历程中所作所为皆为人民幸福谋福祉，在服务群众中进行伟大自我革命。群众路线思想在党创建之初就已萌发，党的二大也对此明确提出过要求。刘少奇在党的七大上专门用一个部分阐述群众路线的问题，强调坚持群众路线的重要性。邓小平同志在党的八大上作关于修改党章的报告时，重申坚持党的群众路线的必要性。他指出，党执政的最大危险是脱离群众。改革开放后，历届党中央领导人和习近平总书记都反复强调密切联系人民群众的重要性。脱离人民群众，党就失去了力量之源、立足之本、执政之基。人民群众一直是我们党团结奋斗的重要推动力，一百年来我们党一直牵挂人民群众，所有的理想目标皆是以人民为中心。在历史的长河中，我们党始终坚持以人民为中心，描绘了一幅幅壮丽图景。正是党勇于自我革命，坚定以人民为中心的政治站位，才成就了现在美好的新时代。

习近平总书记在主持党的十九届中共中央政治局第三十一次集体学习时指出，只要我们始终同人民生死相依、休戚与共，人民就会铁心跟党走，党就能长盛不衰。全党同志要从党的百年奋斗史中不断体悟初心使命，贯彻好以人民为中心的发展思想，矢志不渝为实现中华民族伟大复兴而奋斗。中国共产党根基在人民、血脉在人民、力量在人民。只有坚持以人民为中心的发展思想，坚持发展为了人民、发展依靠人民、发展成果由人民共享，才会有正确的发展观、现代化观。新的征程上，我们必须紧紧依靠人民创造历史，坚持全心全意为人民服务的根本宗旨，站稳人民立场，贯彻党的群众路线，尊重人民首创精神，践行以人民为中心的发展思想，发展全过程人民民主，维护社会公平正义，着力解决发展不平衡不充分问题和人民群众急难愁盼问题，推动人的全面发展、全体人民共同富裕取得更为明显的实质性进展，凝聚14亿多中国人民的智慧和力量，为全面建成社会主义现代化强国、实现中华民族伟大复兴而努力奋斗。

中国共产党坚持以人民为中心的笃定决心成为广大人民群众实现美好生活的稳定力量。中国共产党带领中国人民追求美好生活是在历史动态演变中进行的过程性实践活动，是人民群众关注的核心议题。中国特色社会主义进入新时代，赋予了发展新的内涵，我们绝不能走粗放发展的老路，必须坚持以人民为中心的发展思想，坚持绿水青山就是金山银山，全面贯彻新发展理念，加快构建新发展格局，着力推动高质量发展，这是新时代的硬道理。

2. 不断提高为人民服务的能力本领

党的十九届六中全会指出，全党必须永远保持同人民群众的血肉联系，站稳人民立场，坚持人民主体地位，尊重人民首创精神，践行以人民为中心的发展思想，维护社会公平正义，着力解决发展不平衡不充分问题和人民群众急难愁盼问题，不断实现好、维护好、发展好最广大人民根本利益，团结带领全国各族人民不断为美好生活而奋斗。习近平总书记强调："新的征程上，我们必须紧紧依靠人民创造历史，坚持全心全意为人民服务的根本宗旨，站稳人民立场，贯彻党的群众路线，尊重人民首创精神，践行以人民为中心的发展思想，发展全过程人民民主，维护社会公平正义，着力解决发展不平衡不充分问题和人民群众急难愁盼问题，推动人的全面发展、全体人民共同富裕取得更为明显的实质性进展！”①

第一，党员干部尤其是领导干部是主体力量。在党的自我革命主体中，党员干部尤其是领导干部是关键。习近平总书记指出：“领导干部是党的执政骨干，只有管住‘关键少数’特别是高级干部和各级主要领导干部，全面从严治党才有震慑力和说服力。”② 推进党的自我革命，习近平总书记高度重视高级领导干部尤其是中央政治局的表率作用。“要坚持实事求是，勇于批评和自我批评，勇于听取不同意见，及时改正错误。”③ 强化为人民服务的理想信念教

---

① 习近平. 在庆祝中国共产党成立100周年大会上的讲话［M］. 北京：人民出版社，2021：12.

② 十九大以来重要文献选编（上）［M］. 北京：中央文献出版社，2019：189.

③ 习近平. 习近平谈治国理政：第2卷［M］. 北京：外文出版社，2017：190.

育，提升全党胸怀境界，以坚定的理想信念洗涤共产党人的灵魂，是我们党不断保持先进性的宝贵经验。全体党员都应该向先进模范人物学习，学习如何正确处理得与失的关系，始终把党和人民的利益置于首要位置，淡泊个人得失，无私奉献，敢于牺牲。

第二，善于运用批评和自我批评的武器，才能更好地服务人民。习近平总书记指出，批评和自我批评是解决党内矛盾的有力武器，也是保持党的肌体健康的有力武器。党内要开展积极健康的思想斗争，帮助广大党员、干部分清是非、辨别真假，坚持真理、修正错误，统一意志、增进团结。的确，只有认真开展批评和自我批评，勇于正视自身缺点，敢于提出批评意见、触及思想灵魂，敢于同一切影响党的先进性、弱化党的纯洁性的问题作斗争，才能在原则上分清是非，也才能坚持真理、修正错误。批评和自我批评要达到良好效果，必须讲究方法。习近平总书记强调，批评和自我批评不是拍桌子、吹胡子瞪眼，而是可以通过多种形式进行。可见，批评不能居高临下，盛气凌人，而应发扬民主作风，平等交流；批评一定要及时，防止出现小错铸大错。

3. 不断优化服务群众的科学体制机制

全体党员领导干部要学习贯彻党的十九届六中全会精神，履行职责，要在坚持党的基本理论、基本路线、基本方略上下功夫，要立足新发展阶段、贯彻新发展理念、构建新发展格局、推动高质量发展。只有这样，我们才能更好地为人民群众谋利益，才能获得更好的发展机遇。要抓好发展这个解决中国一切问题的关键，办好自己的事，不断优化服务群众的科学体制机制。践行以人民为中心的发展思想，不断增进民生福祉，让改革发展成果更多更公平惠及全体人民，促进共同富裕。要深入推进改革开放，培育壮大市场主体，更大激发市场活力和社会创造力。要居安思危，防范和化解风险隐患。

全党要贯彻全会精神，进一步优化服务群众的体制机制。体制机制问题更带有根本性、全局性、稳定性、长期性。邓小平同志曾多次强调，体制机制“关系到党和国家是否改变颜色，必须引起全党的高度重视”①。党的十九大报告指出，新时代党的建设要“全面推进党的政治建设、思想建设、组织建设、作风建设、纪律建设，把制度建设贯穿其中”②。制度建设是保障，加强制度建设是全面从严治党的根本之策，也是我们党实现自我纠错的一个重要历史经验。1928 年 10 月，党中央就正式颁布党内

---

① 邓小平. 邓小平文选：第 2 卷 [M]. 2 版. 北京：人民出版社，1994：333.

② 习近平. 决胜全面建成小康社会 夺取新时代中国特色社会主义伟大胜利——在中国共产党第十九次全国代表大会上的报告 [M]. 北京：人民出版社，2017：62.

巡视条例，据此，我们党就建立了巡视制度以监督和纠正地方工作中出现的错误。当前，我们一些党员干部之所以出现这样或那样的问题，面对群众颐指气使，当官做老爷，其中一个重要原因就是我们一些领域的体制机制还不健全。只有从制度上进行了约束，党员干部在服务群众时才能更加心中有戒、行有所止、得心应手。习近平总书记强调，把权力关进制度的笼子里，首先要建好笼子。因此，坚持真理、修正错误也要加强制度建设，建立健全服务群众的相关体制机制。当前，我们既要注重继承以往行之有效的科学体制机制，又要不断开拓创新补齐相关制度，才能形成科学的为群众服务的制度安排，才能够真正做到为人民服务。同时通过为人民服务进一步增强党的自我净化、自我完善、自我革新、自我提高能力，使我们党在自我革命中坚持维护人民利益、站稳人民立场，巩固党群干群的鱼水之情。

四、以党的制度建设为根本推进一体化反腐

坚定不移反对腐败是党一以贯之的政治立场。党的十八大以来，全面从严治党、反腐败斗争取得重大成就。但是，党面临的腐败风险依然存在。习近平总书记告诫全党，必须铭记生于忧患、死于安乐，常怀远虑、居安思危，继续推进新时代党的建设新的伟大工程，坚持全面从严治党，坚定不移推进党风廉政建设和反腐败斗争，勇敢面对党面临的长期执政考验、改革开放考验、市场经济考验、外部环境考验，坚决战胜精神懈怠的危险、能力不足的危险、脱离群众的危险、消极腐败的危险。重视风险又不畏惧风险，充分彰显了党的革命精神。在新的伟大社会革命中，全面从严治党和反腐败斗争一刻也不能停歇。党的十九届六中全会审

议通过的决议指出："党坚持不敢腐、不能腐、不想腐一体推进，惩治震慑、制度约束、提高觉悟一体发力，确保党和人民赋予的权力始终用来为人民谋幸福。"贯彻落实这一要求，推进一体化反腐，需要以党的制度建设为根本。

1. 完善不敢腐的惩戒机制

实现"不敢腐"目标的重点是惩治，以纲纪法规为依托，继续构建和完善不敢腐的惩戒机制，持续强化不敢腐的震慑。法律的生命力在于实施，法律的权威也在于实施。反腐要用重拳，要打在痛处，以法律为依托，露头就打，严厉惩治，始终保持从严治腐的强劲势头，不断推动反腐败工作具体化、程序化、制度化。深入开展反腐败斗争既要讲战略又要讲战术，在法治框架下注重速度、效率、质量三者的有机统一，科学作战，有效提升反腐败斗争的综合效果。

首先，突出反腐败对象的重点。一是抓“关键少数”，加强对主要领导干部的管理，推动权力的运行公开透明和规范，进一步降低腐败犯罪的概率与提高被发现和被查处的可能，做到及时发现、露头就打，严厉惩治，形成强大的震慑。党的十九大以来，打击腐败的重点仍然是那些不收敛不收手，问题线索反映集中、群众反映强烈，现在处于重要岗位而且可能还要提拔使用的领导干部，三种情况同时具备并且政治腐败和经济腐败相交织的，是重中之重。当然，这并不是忽略微腐败。党的十九大以来，既坚决查办职务级别高、社会危害大、群众关注度高的案件，也注重抓早抓小，严厉惩办发生在群众身边和损害群众利益的腐败问题。总之，不管什么样的腐败，发现一起查处一起。坚持有腐必反、有贪必肃，“老虎”要打，“苍蝇”也要拍，以反腐的实际成效取信于民。二是突出反腐的重点领域，即加大重点领域和关键环节的反腐力度。2021 年 1 月，中国共产党第十九届中央纪律检查委员会第五次全体会议要求，坚定不移深化反腐败斗争，一体推进不敢腐、不能腐、不想腐。重点查处政治问题和经济问题交织的腐败案件，聚焦政策支持力度大、投资密集、资源集中的领域和环节，坚决查处基础设施建设、项目审批、国企改革、公共资源交易、科研管理等方面的腐败问题。深化金融领域反腐败工作，持续惩治国有企业腐败问题，加大对政法系统腐败惩治力度，深入推进反腐败国际合作和国际追逃追赃。深化标本兼治，做实以案促改、以案促治。

其次，注重反腐败方式方法的运用。在长期的自我革命中，党已经积累了丰富的反腐败斗争经验，当前和今后仍需要积极探索有效措施推动反腐败成本更小、效果更好。比如在推进追逃防逃追赃，推动反腐败信息共享、加大反腐败国际协作，深度参与反腐败国际治理方面，都要在法治框架下探索更为灵活机动的方法，切实提高反腐败的实际成效。在反腐工作机制方面，要增强执纪执法机关的独立性和权威性，切实减少和排除不当干预与干扰，确保执纪执法机关能够依法独立公正行使职权。要提高查办案件规范化水平，进一步优化办案流程，规范线索管理，提高办案效率，健全腐败案件及时揭露、发现和有效查处的工作机制。要坚持把依纪依法安全文明办案作为铁的纪律贯穿于各个环节，既严厉打击违纪违法行为，又切实维护当事人合法权益，彰显法治权威。在反腐工作导向方面，必须严惩贪污受贿、滥用职权等职务违法和职务犯罪，对各类腐败现象和人群进行严厉查处，始终坚持越往后越严的鲜明工作导向。要严格执纪执法，增强制度刚性，以永远在路上的坚韧和执着，坚决打好反腐败斗争攻坚战、持久战。

2. 形成不能腐的防范机制

不能腐，就要让制度“长牙”，让纪法“带电”，加强对权力的制约和监督，真正把权力关进制度的笼子，逐渐扎牢不能腐的笼子，从源头上有效防治腐败。监督是治理的内在要素，在管党治党、治国理政中居于重要地位。建设不能腐的路径主要靠制度。党的十八大以来，党制定或修订了多部党内法规，创新纪检监察体制机制，强化对权力运行的制约和监督，不能腐的笼子越扎越紧。继续巩固反腐败斗争压倒性胜利，要把“当下改”和“长久立”结合起来，继续加强和完善党内法规制度建设，继续扎牢不能腐的笼子。

一是要继续坚持与完善党和国家监督体系。以党内监督为主导，推动各类监督有机贯通，实现对所有党员、干部和行使公权力的公职人员监督全覆盖。一方面，通过纪律监督、监察监督、派驻监督、巡视巡察监督发现问题，因地制宜，对症下药，织密管权用权的制度笼子。另一方面，围绕日常监督、审查调查、巡视巡察中发现的体制机制问题和制度漏洞，改革和完善体制机制、建立和健全规章制度，切实扎牢不能腐的笼子。

二是要坚持权责法定，科学配置党政机关及内设机构权力和职能职责。党的十八大以来，党政机关及内设机构虽在改革中不断完善，但一些地方仍然存在着权责不明确，职能职责配置不合理的现象，以及执行不到位的情况。习近平总书记强调，不明确责任，不落实责任，不追究责任，从严治党是做不到的。建立严格的责任制，就抓住了管党治党的“牛鼻子”。对此，首先要明确权责的内容和边界。党的十八届三中全会强调，在党风廉政建设和反腐败工作中，党委负主体责任，纪委负监督责任。党的十九大通过的党章修正案规定，强化管党治党主体责任和监督责任。这就要求各级党委必须责无旁贷地当好党风廉政建设和反腐败斗争的领导者、执行者和推动者，一级抓一级，层层传压力，逐步解决管党治党宽松软的问题。其次要抓执行。落实从严治党主体责任，党章有明确规定，中央有明确要求，但一些地方和单位在推动落实方面，简单提要求的多，开会发文件的多，具体抓落实的针对性、有效性还不强，考核工作缺乏具体量化标准和指标体系。要严格执纪问责，并通报曝光典型案例，起到问责一个、警醒一片的效果，以强有力问责推动责任担当。

三是要加强对权力集中、资金密集、资源富集部门和行业的监督。这些部门和行业容易发生腐败问题，而且一旦发生问题，损失重大，影响恶劣。各级纪检监察机关要紧盯这些部门和行业，坚持问题导向，加强监督检查。首先，一些部门和行业要根据自身业务特点，加强对重点领域、关键环节的监督。督促推进集中管控改革，建立和完善相关制度，突出重点领域和主要对象，紧盯重点领域的各级领导人员和关键岗位人员，严肃查处违规违纪违法问题。其次，派驻机构要继续深化改革，重点和特殊部门行业内设纪检机构可改设为中央纪委国家监委派驻纪检监察组。

四是要推进基层党风廉政建设，健全基层常态化、长效化监督机制。要重点解决碍于情面、怕得罪人的问题。要切实用好监督执纪“四种形态”，特别是善用“第一种形态”，让“红红脸、出出汗”成为常态。要把工作重心前移，干部特别是纪检干部既要有“火眼金睛”，善于发现腐败苗头，主动提醒帮助同志，及时“咬咬耳朵、扯扯袖子”，尽量把问题消灭在萌芽状态，防止铸成大错，又要做“黑脸包公”，以“零容忍”的态度惩治腐败，发现问题及时处理，发现毛病马上医治，决不能因初犯而“下不为例”，决不能因恶小而“以观后效”，决不能因位高而“网开一面”。

3. 筑牢不想腐的思想防线

解决不想腐的问题，一靠教育，二靠震慑。消除贪腐之念，增强不想腐的自律自觉，筑牢思想道德防线是长期的事，要以党的思想建设为基础，探索构筑思想防线的长效机制，不断增强不想腐的自觉。

一是要加强理想信念教育。要加强对党员、干部的理想信念教育和宗旨教育，让他们提高党性觉悟，夯实不忘初心、牢记使命的思想根基。要用马克思主义最新理论成果武装全党，规范言行。要把不忘初心、牢记使命作为党员干部的终身必修课题，切实解决党员干部的初心使命、理想信念不牢固问题。要大力弘扬和传承建党精神，促使党员干部更加爱党爱国，更加拥护和支持中国特色社会主义，自觉弘扬忠诚老实、不怕牺牲、实事求是、清正廉洁等价值观。要广泛开展家风教育，涵养廉洁文化，引导党员干部修身律己、廉洁齐家，培养现代文明人格。要加强对党员干部的日常教育引导，拧紧世界观、人生观、价值观这个“总开关”。要通过基层党组织“三会一课”制度的影响和行之有效的方式，切实加强党性修养。要加强对党员干部和公职人员的公私德教育，倡导公私分明，公而忘私，促使他们秉公用权，守规矩、明底线，自觉做到廉洁自律。要通过树立先进典型，促使党员干部学有榜样，集聚正能量。

二是要加强党纪国法教育。党纪国法教育要体现严肃性、警示性、启发性、规范性，真正触及灵魂、启迪思考、约束言行，坚决防止搞形式主义，更不能走过场、空对空，要注意研究受教育者的接受习惯，创新载体、方式、方法。既要注重抓好集中教育，又要开展好经常性教育，切实增强教育的针对性和有效性，让不想腐真正内化于心，外化于行。

三是要加强警示教育。要通过警示教育，以案释纪、以案促改，真正让大家从中受到教育，让党员干部引以为戒，从思想源头上消除贪腐之念。各级党组织和纪检监察机关，要加强日常提醒、诫勉谈话，让那些有小错的同志知错就改、引以为戒，坚持不懈锤炼党员干部忠诚干净担当的政治品格，筑牢不想腐的思想防线。

4. 协同推进不敢腐、不能腐、不想腐三位一体体制机制

不敢腐、不能腐、不想腐不是三个阶段，也不是三项独立的工作，而是相互依存、相互促进的有机整体，必须统筹于全面从严治党和反腐败斗争的具体实践中。做到“三不”一体必须深刻把握其内在逻辑，加强顶层设计，相互照应衔接，把“三不”贯通、具体地抓实抓

好。要加强统一领导、落实“两个责任”，即加强党对反腐败斗争的全面领导，落实管党治党的主体责任和监督责任，建立和实行责任制，促进三者贯通，做到统筹协调。要抓住主要矛盾，因时因地制宜。要强化纪法思维，用好“四种形态”。要加强国际合作，深化交流互鉴。

总之，在新的伟大社会革命的征程中，中国共产党人要在思想上政治上行动上自觉同以习近平同志为核心的党中央保持高度一致，坚持党对反腐败斗争的全面领导，坚决贯彻党中央关于反腐败斗争的决策部署，不断把党风廉政建设和反腐败斗争引向深入。

五、自信自强守正创新彰显党的领导优势

自信自强、守正创新，是我们党克服艰难险阻、创造历史伟业的重要原因，也是奋进新

征程、在新的伟大社会革命中取得更大胜利的强大精神力量。党的十八大以来，以习近平同志为核心的党中央团结带领中国人民，自信自强、守正创新，创造了新时代中国特色社会主义的伟大成就。当今的中国在国际社会的影响力越来越大，同时面临的风险和挑战也前所未有。作为长期执政的政党，中国共产党需要不断深化对执政党建设规律的认识，继续加强自身建设，不断提高自身的执政能力和执政水平。健全提高党的执政能力和领导水平制度，是党巩固执政地位、实现执政使命必须解决好的重大课题。

1. 树立科学的执政理念

作为执政党，中国共产党必须树立科学的执政理念，围绕执政能力加强党的建设。具体地说，就是要形成以巩固执政地位为目标，以人民为中心，以提高执政能力为重点的执政党建设思路，不断提高党的创造力、凝聚力和战斗力，不断巩固党的执政基础，保持党同人民群众的血肉联系，真正使我们党能够在应对各种风险考验中始终成为全国各族人民的主心骨和坚强领导核心。当前应努力树立三种科学的执政理念：一是执政为民的理念。要心怀爱民之心，恪守为民之责，多办利民之事，善谋富民之策，不断实现好、维护好、发展好最广大人民的根本利益。二是发展是党执政兴国的第一要务的理念。必须始终把促进发展作为第一位的任务，聚精会神搞建设，一心一意谋发展。三是依法执政的理念。坚持有法可依，有法必依，在依法执政中实现党对国家和社会的领导。只有树立了这三种执政理念并切实遵照实行，才能有效解决“为谁掌权、掌权干什么、怎样掌好权用好权”的问题。

2. 健全提高党的执政能力的制度体系

在新的伟大社会革命中，全党要着重提高的执政能力，主要包含五个方面：科学判断形势的能力、驾驭市场经济的能力、应对复杂局面的能力、依法执政的能力、总揽全局的能力。同时，要提高党把方向、谋大局、定政策、促改革的能力。尤其必须坚持民主集中制，健全决策机制。

一是全面贯彻民主集中制。民主集中制是党的根本组织原则，是党内政治生活正常开展的重要制度保障。坚持民主集中制，必须完善发展党内民主和实行正确集中的相关制度。要全面贯彻党的组织制度、领导制度、决策制度，严格落实党的代表大会制度、党内选举制度、维护党员民主权利制度、党内生活和党内监督制度。要坚持集体领导制度，任何组织和个人在任何情况下都不能以任何理由违反这项制度，凡属重大问题，要按照集体领导、民主集中、个别酝酿、会议决定的原则，由集体讨论，按少数服从多数作出决定，不能用其他形式取代党委及其常委会（或党组）的领导。领导班子成员必须增强全局观念和责任意识，在研究工作时充分发表意见，在决策形成后一抓到底，不得违背集体决定自作主张、自行其是。党委（党组）主要负责同志必须发扬民主、善于集中、敢于担责。

二是完善发展党内民主相关制度。要完善发展党内民主各项制度，党内决策、执行、监督等工作必须执行党章党规确定的民主原则和程序，任何党组织和个人都不得压制党内民主、破坏党内民主。要建立健全充分反映党员和党组织意愿的党内民主制度，尊重党员主体地位、保障党员民主权利，落实党员知情权、参与权、选举权、监督权，保障全体党员平等享有党章规定的党员权利、履行党章规定的党员义务。要落实党代表大会代表任期制，实行代表提案制，健全代表参与重大决策、参加重要干部推荐和民主评议、列席党委有关会议、联系党员群众等制度。要建立职责清单制度，更好发挥党的地方各级委员会及委员作用。要健全党内情况通报、情况反映制度，畅通党员表达意见渠道。

三是完善实行正确集中的相关制度。首先，要坚持和完善落实“两个维护”的相关制度，推动全党坚决做到“两个维护”。其次，要坚持和完善重大问题请示报告制度，研究涉及全局的重大事项或作出重大决定，要及时向党中央请示报告，执行党中央重要决定的情况要专题报告。再次，要坚持和完善党委（党组）正确集中的具体制度机制，把不同意见统一起来，把各种分散意见中的真知灼见提炼概括出来，把符合事物发展规律、符合广大人民群众根本利益的正确意见集中起来，作出科学决策。

健全决策机制，是健全提高党的执政能力

和领导水平制度的一项重要任务，迫切需要以科学、刚性的决策制度约束规范决策行为，不断提高决策质量，努力控制决策风险，及时纠正不当决策，增强各级党组织的公信力和决策执行力。

一是坚持科学决策、民主决策、依法决策。科学、民主、依法决策是决策机制和程序的核心内容，落实科学决策、民主决策、依法决策归根到底要健全党内重大决策论证评估和征求意见等制度。要坚持先调研后决策的重要决策调研论证制度。要坚持领导、专家、群众相结合的决策机制，完善群众参与、决策论证的具体制度；对专业性、技术性比较强的问题，要善于组织各方面专家、借助研究咨询机构，进行科学论证评估。要坚持决策风险评估机制，坚持“应评尽评、综合评估、风险可控”，确保各项工作真正赢得群众的理解和支持，从源头上预防矛盾和纠纷的发生。

二是强化决策的执行、评估、监督。决策的效果最终体现在决策落实上。要落实党委（党组）议事规则和决策程序，健全常委会向全委会定期报告并接受监督制度，探索建立上级党组织在作出同下级组织有关重要决策前征求下级组织意见的制度。要坚持党的组织原则和党内政治生活准则，集体讨论时可以畅所欲言、充分发表意见。一旦形成决策，则要坚决执行、一抓到底。坚决反对和纠正当面不说、背后乱说，会上不说、会后乱说，当面一套、背后一套等错误言行，切实提高决策执行效力和落实效果。要健全决策评估论证机制，重要议题出现较大意见分歧时不能强行作出决策，必须进行充分论证和评估。要完善决策督查和反馈机制，加强决策执行的跟踪，及时调整不够科学合理的决策，坚决纠正执行决策不到位不准确的现象。要完善重大决策终身责任追究制度及责任倒查机制。要完善决策绩效评估机制，科学判断决策失误，提高责任追究制度的可操作性。

3. 改进党的领导方式和执政方式

改进党的领导方式和执政方式，增强各级党组织政治功能和组织力。这对在新时代条件下更好坚持党的政治领导、组织领导和思想领导，不断提高党科学执政、民主执政、依法执政水平提出了新的要求。

一是要完善党的领导体制。顺利推进中国特色社会主义事业，必须建立健全坚持和加强党的全面领导的制度体系，为把党的领导落实到改革发展稳定、内政外交国防、治党治国治军各领域各方面各环节提供坚实制度保障。要完善地方党委、党组、党的工作机关实施党的领导的体制机制，强化党的组织在同级组织中的领导地位，理顺党的组织同其他组织的关系，更好地实现对涉及全局重大工作的全面领导。

要建立健全国有企业党委（党组）和农村、事业单位、街道社区等的基层党组织发挥领导作用的制度规定。要将坚持党的全面领导的要求载入政协、民主党派、工商联、人民团体、国有企业、高等学校、有关社会组织等的章程，健全党对这些组织实施领导的制度规定，确保其始终在党的领导下积极主动、独立负责、协调一致地开展工作。

二是要增强各级党组织政治功能和组织力。党的力量来自组织，党的全面领导、党的全部工作要靠党的坚强组织体系去实现。要认真贯彻落实新时代党的组织路线，完善强化各级各类党组织政治属性和政治功能的相关制度，坚决纠正党的领导弱化、党的建设缺失、全面从严治党不力等问题。要针对一些基层党组织弱化、虚化、边缘化问题，完善打基础、补短板、强弱项的制度机制，持续整顿软弱涣散的基层党组织，优化组织设置，创新活动方式，扩大基层党的组织覆盖和工作覆盖，统筹推进企业、农村、机关、事业单位、社区、社会组织等各领域党的建设工作，推动基层党组织全面进步、全面过硬。要实施好党支部工作条例，坚持和完善“三会一课”、民主评议党员、主题党日等基本制度，推进支部标准化规范化建设，推动后进赶先进、中间争先进、先进更先进，使每个支部都成为党旗高高飘扬的战斗堡垒。要发挥支部管到人头的特点，完善党员教育管理监督制度，改进方式方法，加强关怀帮扶，提升党员队伍质量，使每名党员都成为一面鲜红的旗帜。要建立健全党委（党组）及其成员履职考核制度，完善工作保障制度，推动各级党组织更好发挥作用。

三是要完善党和国家机构职能体系。改革党和国家机构设置、优化职能配置，是改进党的领导方式和执政方式的重要途径。要按照系统完备、科学规范、运行高效的原则，解决好影响与制约党和国家事业发展的根本性体制机制问题，形成总揽全局、协调各方的党的领导体系，职责明确、依法行政的政府治理体系，中国特色、世界一流的武装力量体系，联系广泛、服务群众的群团工作体系，推动党和国家各项工作协调行动、高效运行。党的领导体系是居于统领地位的，人大、政府、政协、监察机关、审判机关、检察机关、人民团体、企事业单位、社会组织以及武装力量等在党的统一领导下各司其职、各尽其责，保证中央和地方各级政令统一、运行顺畅、执行高效、充满活力。

4. 继续深化干部人事制度改革

党的执政能力建设中的一个重大问题就是领导干部队伍建设的问题。由此，要完善干部考察识别、选拔任用配套制度，建立能上能下的选人用人机制。要按照建设高素质专业化干部队伍的要求，建立源头培养、跟踪培养、全程培养的素质培养体系，健全需求调研、组织调训、教学组织管理、考核评价、质量评估、督查等制度，加强以习近平新时代中国特色社会主义思想为中心内容的理论教育，抓好党性教育、专业能力培训、知识培训，引导广大干部全面增强执政本领。

一是要创新党内选举制度。建设高素质的干部队伍，把德才兼备、出类拔萃之才选拔到各级领导班子中去，形成朝气蓬勃、奋发有为的领导层，是我们党执政能力不断增强的组织保证，也是党的执政能力建设的长远之计。要适当引入竞争机制，把社会上的优秀人才吸收到党内来，把党内优秀人才推举到党的各级领导层。

二是要完善考核评价机制。要树立重实干重实绩的用人导向，改进考核方式方法。要建立健全干部实践锻炼激励保障机制和交流轮岗机制，注重在基层一线和困难艰苦地区培养锻炼干部，对有潜力的优秀年轻干部要放到“吃劲”岗位、重要岗位经受磨炼，引导广大干部在实践中经风雨、见世面、壮筋骨、长才干。要推动形成能者上、庸者下、劣者汰的用人导向和从政环境。

三是要建立容错纠错机制。要全面落实习近平总书记提出的“三个区分开来”的要求，建立健全容错纠错机制，对该容的大胆容错，不该容的坚决不容，切实为敢于担当的干部撑腰鼓劲。要满怀热情关心关爱干部，完善和落实谈心谈话制度，完善政治上激励、工作上支持、待遇上保障、心理上关怀的各项制度，增强干部的荣誉感、归属感、获得感。

结束语

为实现中华民族伟大复兴提供坚强领导保证

中国共产党的领导是中国特色社会主义最本质的特征与最大优势。只有坚持党的领导，中国特色社会主义才能取得胜利。中国共产党作为伟大的马克思主义执政党，坚持党的领导与改善党的领导是统一的，在坚持党的领导的同时，必须不断改善党的领导。自我革命是改善党的领导、加强党的自身建设的重要方式。自我革命源于马克思主义政党的本质属性、源于共产党人理性认识的升华、源于党的建设实践的淬炼。

坚持自我革命是中国共产党显著的政治优

势，党通过自我净化革除自身毒瘤、自我完善提升整体形象、自我革新培育创造活力、自我提高增强担当本领。自我革命精神是中国共产党成功的奥秘。它体现在中国共产党能够始终在坚持真理修正错误中保持正确方向、在批评和自我批评中保持肌体健康、在清除毒瘤毒素中确保不变质不变色不变味、在学习教育中保持先进性和纯洁性。党的十八大以来，在以习近平同志为核心的党中央的正确领导之下，我们解决了许多过去想解决而没有解决的问题、办成了许多过去想办成而没有办成的大事，中国特色社会主义进入新时代。在中国特色社会主义新时代，中国共产党坚持将党的自我革命与伟大社会革命结合起来，着力以党的自我革命引领伟大社会革命：一是全面贯彻习近平新时代中国特色社会主义思想，二是增强全面从严治党永远在路上的政治自觉，三是坚持以人民为中心着力解决突出问题，四是以党的制度建设为根本推进一体化反腐，五是自信自强守正创新彰显党的领导优势。

习近平总书记指出：“中国共产党人的初心和使命，就是为中国人民谋幸福，为中华民族谋复兴。这个初心和使命是激励中国共产党人不断前进的根本动力。”中国共产党诞生于自近代以来的民族危亡之中，中国共产党一经成立便将实现中华民族伟大复兴作为自己的初心和使命，正是这个初心和使命激励着无数共产党人抛头颅、洒热血，为中国的革命、建设、改革事业无私奉献。为了实现中华民族伟大复兴，中国共产党团结带领中国人民，浴血奋战、百折不挠，创造了新民主主义革命的伟大成就；团结带领中国人民，自力更生、发愤图强，创造了社会主义革命和建设的伟大成就；团结带领中国人民，解放思想、锐意进取，创造了改革开放和社会主义现代化建设的伟大成就；团结带领中国人民，自信自强、守正创新，统揽伟大斗争、伟大工程、伟大事业、伟大梦想，创造了新时代中国特色社会主义的伟大成就。

作为百年大党，勇于自我革命是中国共产党的优良传统，是中国共产党区别于世界其他政党的显著标志，更是中国共产党践行初心使命的内在要求。勇于自我革命才能锻造坚强的马克思主义执政党，才能为实现中华民族伟大复兴提供坚强领导保证。习近平总书记强调："我们党作为百年大党，如何永葆先进性和纯洁性、永葆青春活力，如何永远得到人民拥护和支持，如何实现长期执政，是我们必须回答好、解决好的一个根本性问题。"要将党的自我革命与建设百年大党结合起来，在深入推进党的自我革命的过程中建设百年大党。中国共产党作为百年大党，百年来党的成就显著，百年来党的成就来之不易。新时代深入推进党的自我革命，必须立足于百年大党建设，以自我革命建设百年大党，以百年大党建设为实现中华民族伟大复兴提供坚强领导保证。

其一，必须将深入推进党的自我革命与如何永葆先进性和纯洁性、永葆青春活力结合起来。党的先进性、纯洁性是党的战斗力、凝聚力的保证，是无产阶级政党的显著特点。中国共产党作为无产阶级政党，只有始终保持党的先进性、纯洁性，才能保持强大的凝聚力、战斗力，才能永远屹立于时代潮头。在深入推进党的自我革命的过程中，要注重深入推进反腐败斗争，将各类腐败分子清除出党的队伍，不断提高党的建设质量。在考察党员干部在组织上入党时，要进一步思考党员干部在思想上入党的问题。要推进党内集中教育的常态化，不断加强党员干部的党性修养，促使广大党员干部始终秉持为民初心，永葆党的青春活力。

其二，必须将深入推进党的自我革命与如何永远得到人民拥护和支持结合起来。人民的拥护和支持是党执政的最大底气。人民群众是实践的主体，是历史的创造者，拥有改变历史的力量。党的强大战斗力来源于人民群众的拥护和支持，实现中华民族伟大复兴需要人民群众的拥护和支持。深入推进党的自我革命必须与党全心全意为人民服务的根本宗旨结合起来，做到依靠人民推动党的自我革命，将更好地为人民服务作为党的自我革命的目标，深入践行以人民为中心的理念，将人民拥护不拥护、赞成不赞成、高兴不高兴、答应不答应作为一切工作的出发点和落脚点，在不断自我革命的过程中筑牢党的群众基础。

其三，必须将深入推进党的自我革命与如何实现长期执政结合起来。执政能力建设是执政党建设的重要内容，执政能力建设不是一劳永逸的，而是一个长期的、不断提升的过程。从客观上来看，时代在不断变化和发展，党执政所面临的外部环境也在不断发生变化，执政党自身的情况也在不断发生变化，因此党的执政能力的具体要求也在不断发生变化。党的执政是长期的，深入推进党的自我革命必须立足于长期执政这一基本要求。要从党的建设的长远角度来看问题，从党的建设的全局来看问题，把党的自我革命与党的执政能力建设结合起来，以党的自我革命来革新执政党的自身建设，提高其应对各类风险挑战的能力，提高其执政本领和执政能力，以此推动新时代伟大的社会革命。

后　记

当年，在延安窑洞，毛主席与民主人士黄炎培有著名的“窑洞对”。“让人民来监督政府”，这是新民主主义革命时期中国共产党人对如何跳出历史周期率的回答。中国特色社会主义新时代，以习近平同志为核心的党中央给出了跳出历史周期率的第二个答案——“自我革命”。以史为鉴，可以知兴替。回顾历史，中国共产党的一百年，是矢志践行初心使命的一百年，是筚路蓝缕奠基立业的一百年，是创造辉煌开辟未来的一百年，也是始终坚持自我革命、永葆青春的一百年。放眼未来，勇于自我革命的中国共产党必将在新征程上创造更加伟大的胜利和荣光！

全书由中共湖南省委党校（湖南行政学院）党的建设教研部撰写，教研部全体教师共同承担了写作任务。李美玲教授任主编，负责拟定全书写作提纲、修改完善书稿。谭鹏副教授、孙士云副教授任副主编。具体分工如下：前言和第三章由李美玲、陈利军撰写，第一章由陈平其、王泽盛撰写，第二章由贺治方撰写，第四章由龙秀雄撰写，第五章由谭鹏、孙士云撰写，结语由王小萍撰写。全书写作过程中参考了大量相关书籍和资料，也得到了曹健华、蔡文辉、刘艺、霍修勇等多位领导、专家的指导、支持和帮助，湖南教育出版社的同志也为此付出了大量心血，在此一并致谢！因时间匆忙等原因，书中难免有疏忽遗漏或偏颇之处，在此敬请各同行批评指正！

李美玲

2022 年 1 月

图书在版编目(CIP)数据

制胜之道. 坚持自我革命 / 曹健华总主编. —长沙：湖南教育出版社，2022.2
ISBN 978-7-5539-8766-8

Ⅰ. ①制… Ⅱ. ①曹… Ⅲ. ①中国共产党—党的建设—研究 Ⅳ. ①D26

中国版本图书馆 CIP 数据核字（2022）第 031983 号

书　　名	制胜之道 · 坚持自我革命 ZHISHENG ZHI DAO · JIANCHI ZIWO GEMING
总 主 编	曹健华
本册主编	李美玲
责任编辑	张丽英　周　彬
责任校对	蒋捷晖
装帧设计	杨发凯
出版发行	湖南教育出版社(长沙市韶山北路 443 号)
网　　址	www.hneph.com
电子邮箱	hnjycbs@sina.com
客服电话	0731-85486979
经　　销	湖南省新华书店
印　　刷	长沙超峰印刷有限公司
开　　本	787 mm×1092 mm　32 开
印　　张	9
字　　数	102 000
版　　次	2022 年 2 月第 1 版
印　　次	2022 年 2 月第 1 次印刷
书　　号	ISBN 978-7-5539-8766-8
定　　价	35.00 元